Clemens Bittlinger

Großzügigkeit

Clemens Bittlinger

Großzügigkeit

Kleinkariert war gestern

KREUZ

Für Rosi

MIX
Papier aus verantwortungsvollen Quellen
FSC® C083411

www.kreuz-verlag.de

Umschlaggestaltung: Verlag Herder
Umschlagmotiv: Erika Hemmerich, © 2012 Clemens Bittlinger

Satz: de·te·pe, Aalen
Herstellung: CPI books GmbH, Leck

Printed in Germany

ISBN 978-3-451-61254-1

Inhalt

Einleitung

»Im Zweifelsfall: großzügig!« Irgendwo habe ich schon als Kind diesen Satz aufgeschnappt und er hat mich seitdem nicht mehr losgelassen. Mit der Zeit wurde daraus für mich so eine Art Lebensmotto und ich habe immer wieder versucht, mir diesen Satz in den unterschiedlichsten Situationen selbst zu sagen und vor Augen zu halten. Und je älter ich werde, desto wichtiger ist mir dieses Motto geworden. Denn wer möchte nicht von anderen großzügig behandelt werden? Wer freut sich nicht, wenn bei einer Fahrzeugkontrolle der diensthabende Polizist gut gelaunt und fröhlich einmal »fünfe gerade sein lässt« und die zu schnell gefahrenen Kilometer »noch einmal« mit einer Ermahnung kommentiert? Wer hat schon etwas dagegen, wenn einem bei einer Autopanne schnell und unkompliziert geholfen wird und der Mechaniker auf die Frage, was es denn nun koste, antwortet: »Das geht schon in Ordnung, es war ja nur eine Kleinigkeit«? Großzügige Menschen machen unser Leben schöner, überraschend und angenehm; wir sind angenehm überrascht, wenn uns jemand großzügig begegnet. Und wenn ich mich umschaue, dann stelle ich fest: Ich bin umgeben von großzügigen Menschen, Freunden, Bekannten, Kolleginnen und Kollegen, die mir nicht kleinkariert und engstirnig, sondern mit einer großen Weite begegnen. Menschen, die bereit sind, von dem, was sie haben, das Beste zu teilen und sich daran zu freuen, wenn es dem anderen auch gefällt und gut geht. In diesem Buch erzähle ich viele Beispiele aus meinem Leben, in denen ich sie aufspüre, die Großzügigkeit.

Kleinkariertes Denken und Verhalten kennen und erleben wir in unserem Alltag zur Genüge und vielleicht stehen wir manchmal selbst in der Gefahr, engstirnig und wenig flexibel zu reagieren. Ich sitze zwar nicht den ganzen Tag am Fenster und zeige jeden Parksünder gleich an, aber bei nächtlicher Ruhestörung, heiklen Situationen auf der Autobahn oder bei Konflikten am Arbeitsplatz merke ich doch, wie schnell sich einem das kleinkarierte Muster in die Brille schiebt. Die meisten Menschen, die ich kenne, wollen das nicht, wollen solches Denken und Verhalten hinter sich lassen oder sich abtrainieren. Deshalb mag der Titel dieses Buches fast wie eine Proklamation, in jedem Fall wie eine deutliche Selbstverpflichtung daherkommen: Großzügigkeit – Kleinkariert war gestern!

»Wie man in den Wald hineinruft, so schallt es heraus!«, sagt eine alte Volksweisheit. Der Kreislauf der Großzügigkeit funktioniert nur, wenn diejenigen, die großzügig sind, auch immer wieder mal selbst so behandelt werden. Jemand, der immer nur gibt und sich für andere »opfert« und niemals etwas zurückbekommt, wird es irgendwann leid sein und sich zurückziehen. Dabei lebt die Großzügigkeit gerade davon, dass sie nicht berechnend ist. Man ist nicht großzügig, um etwas zu erreichen, sondern weil man so sein möchte, weil man so leben, denken und handeln möchte. Und es ist wichtig, dass ich mir die Großzügigkeit anderer auch gefallen lasse und nicht immer versuche, mit meiner Freigiebigkeit alles zu dominieren. Jemand, der im Restaurant die Rechnung für alle begleicht und noch ein gutes Trinkgeld dazu gibt, muss es sich gefallen lassen, dass er oder sie beim nächsten Mal ebenfalls eingeladen wird. Das gut gemeinte Argument: »Nein, jetzt lass mal, ich habe doch viel mehr Geld als du« mag mal gelten, aber auf die Dauer muss ich den anderen Gelegenheiten bieten, ebenfalls ihre Großzügigkeit zu zeigen. Dabei geht es beileibe nicht nur um Geld, sondern um die ganze Art und Weise, wie ich mich verschenke, meine Zeit, meine Aufmerksamkeit, meine Gastfreundschaft, meine Begabungen. Es gibt Menschen, die von Natur aus so sind, es gibt Menschen, die sind eben nicht so und es gibt Menschen, die sind kleinkariert, geizig und habgierig. Für die ersteren sei gesagt: Herzlichen Glückwunsch zu Ihrer Naturveranlagung, denn sie macht für Sie und für andere vieles leichter. Freuen Sie sich mit mir über dieses Buch und entdecken Sie, in wie viele Bereiche diese Haltung hineinstrahlt und dass Sie auf einen alten spirituellen Wegbegleiter für Ihre »Veranlagung« zurückgreifen können: die Bibel. Die Bibel atmet Großzügigkeit.

Allen anderen sei gesagt: Großzügigkeit kann man lernen und einüben, und wenn Sie das interessiert, wenn Sie das spannend finden und lernen möchten, dann freuen Sie sich über dieses Buch und entdecken Sie die vielen Möglichkeiten, wie Sie sich selbst und andere überraschen und hier und da vielleicht auch über sich selbst hinauswachsen können. Sollten Sie jedoch zu der Spezies gehören, die Geiz und Habgier toll findet, dann möchte ich Ihnen zumindest zu Ihrer Ehrlichkeit gratulieren, aber dann klappen Sie dieses Buch wieder zu, es sei denn, Sie möchten sich amüsieren über jene weltfremde, einfältige Lebenshaltung, die ohne klar geregelte Rückgabegarantie, ohne vereinbarte Gegenleistung und einfach so ins Blaue anderen Gutes tut. Dann lesen Sie ruhig weiter, aber ich warne Sie: Großzügigkeit kann ansteckend sein!

Verschwenderisch: Die Schöpfung

»Am Anfang schuf Gott Himmel …«, das sind die ersten Worte der Bibel und sofort tauchen wir hinein in einen unglaublich weiten Raum. Mit Himmel ist der Kosmos gemeint, alles, was sich im Weltall befindet. Wenn ich in einer sternenklaren Nacht hinausschaue und immer mehr Lichter wahrnehme, dann fühle ich mich ganz klein und unbedeutend. Was sind wir Menschen schon angesichts dieses unfassbar weiten Raums? Das ist wirklich groß: 100 Milliarden Galaxien, in denen sich wiederum 100 Milliarden Sonnensysteme befinden. Eine von diesen 100 Milliarden Galaxien ist das, was wir die Milchstraße nennen und innerhalb dieser Galaxie sind wir eines von 100 Milliarden Sonnensystemen allein in der Milchstraße, können Sie das wirklich denken? Ich kann es nicht, es ist einfach unvorstellbar. Es ist so groß und so weit, dass ich es wirklich nicht fassen kann. Und doch ist es so. Die räumlichen Dimensionen, in die wir »eingebettet« sind, bewegen sich in einer Größenordnung, die wir nur noch mit Lichtgeschwindigkeit beschreiben können (zum Beispiel: Die Strecke von der Erde bis zum Mond beträgt etwa 390 000 Kilometer, das entspricht ca. 1,3 Lichtsekunden). »Bewegen« deshalb, weil die Schöpfung ja nicht zu Ende ist. Das Weltall wächst ja, es dehnt sich immer weiter aus.

Wenn wir also beginnen, unser Denken zu erweitern und größer werden zu lassen, dann folgen wir im Grunde einem Naturgesetz und tun das, was unser Umfeld (im weitesten Sinne) seit Milliarden von Jahren tut: Es weitet sich aus, rasant! Wenn ich in einer sternenklaren Nacht hinausschaue und immer mehr Lichter wahrnehme, dann fühle ich mich wie gesagt ganz klein und unbedeutend. Wenn ich dann jedoch in der Bibel lese und erfahre, dass der Schöpfer des Kosmos sich den Menschen auserwählt hat, den Menschen geschaffen hat zu seinem Ebenbild und zwar in der zweifachen Weise als Mann und als Frau, dann fühle ich mich auf einmal »großartig«, von großer Art, große Kunst, das ist die Schöpfung. Das ist der Mensch.

Und wie habe ich mir nun diesen Gott vorzustellen? Die häufigste Darstellung Gottes ist die eines kräftigen älteren Herrn mit Rauschebart und die bekannteste Darstellung ist wohl jene in der sixtinischen Kapelle in Rom von Michelangelo. Doch warum wird und wurde Gott immer als Mann dargestellt, wo doch in den alten biblischen Texten ganz klar und für die damalige Zeit unfassbar revolutionär beschrieben wird: »Gott schuf den Menschen zu seinem Ebenbild, als Mann und Frau schuf er sie«? Ich weiß jetzt zwar, dass ich ein Ebenbild Gottes bin, aber wie habe ich mir dann Gott vorzustellen: als Zwitter oder als ungeschlechtliches Zwischenwesen? Könnte das zweite Gebot »Du sollst dir kein Bildnis machen« vielleicht nicht nur in Abgrenzung zu den vielen anderen Religionen, die sich Götzenbilder schufen, die sie anbeteten, formuliert sein, sondern auch in der weisen Absicht, dem Menschen zu raten: Versucht erst gar nicht, euch ein Bild von mir zu machen, denn alle Bilder werden scheitern? Es ist ja auch nicht ausgemacht, dass wir die einzigen Lebewesen im Kosmos sind, die Gott als sein Ebenbild geschaffen hat, vielleicht ist Gott äußerst variabel und wir sind nur eine von 100 Milliarden Ebenbildlichkeiten des einen Gottes. Aber selbst wenn es so wäre, wäre es trotzdem legitim, sich den Schöpfer auch menschlich vorzustellen.

Wahrscheinlich ist, dass wir viel zu klein denken und wahrscheinlich ist auch, dass es angesichts von 100 Milliar-

den Sonnensystemen in jeweils 100 Milliarden Galaxien im Weltall vor Leben nur so wimmelt. Wenn sich in nur einem von den 100 Milliarden Sonnensystemen die gleichen lebensbegünstigenden Umstände ergeben (haben) wie in unserem Sonnensystem, dann wären das immer noch (bei 100 Milliarden Galaxien) 100 Milliarden unterschiedlichster Formen intelligenten Lebens im Weltraum. Wahrscheinlich ist jedoch, dass es »da draußen« sehr viel mehr Lebensformen gibt. Seien wir erst einmal froh, dass wir nicht (wie man bis zum Mittelalter geglaubt hat) das Zentrum des Kosmos sind, sondern uns in einem Randsonnensystem einer Randgalaxie befinden. Dort lebt es sich, vermute ich, kosmologisch gesehen ruhiger.

Im Weltraum ist eine Party angesagt. Treffen sich zwei schwarze Löcher, sagt das eine: »Du, ich weiß überhaupt nicht, was ich anziehen soll.« Sagt das andere: »Alles!«

Die Bibel beschreibt nicht, *wie* der Mensch erschaffen wurde, sondern *warum*. Sie tut das in der ausschmückenden, übertreibenden, orientalischen Erzählweise alter Mythen und trotzdem finden sich immer wieder Hinweise, die im Dialog mit den Erkenntnissen der modernen Astrophysik zumindest interessant und erhellend erscheinen. Dabei ist es sowohl für den Theologen als auch für den Naturwissenschaftler notwendig, größer zu denken und über den eigenen Tellerrand hinauszuschauen:

Der Naturwissenschaftler sieht und beschreibt, überprüft, rechnet nach, experimentiert, rechnet wieder, macht die Gegenprobe, verifiziert und beschreibt schließlich, *wie* etwas funktioniert oder funktionieren könnte. Der Glaubende erahnt, staunt und traut dem Offenbarten, er sieht hinter der Komplexität des Weltalls den Schöpfer, er denkt nach, sucht das Gespräch mit denen, die mehr wissen und findet eine Antwort auf das *Warum*. Beide, der Glaubende und der Naturwissenschaftler, stehen vor einem Rätsel. Je mehr sie wissen und voneinander lernen, desto mehr staunen sie. Beide.

Die schönsten und interessantesten »Objekte« im Weltall sind die explodierenden Sterne (Supernovae) und die sogenannten planetarischen Nebel. Jeder Stern heizt sich irgendwann soweit auf, dass er explodiert und sich und sein Umfeld zerstört. Die Sonne ist unser Stern und auch sie wird in etwa fünf Milliarden Jahren explodieren. Das mag erschreckend klingen, aber fünf Milliarden Jahre sind ja auch noch eine ziemlich lange Zeit. Es ist eher wahrscheinlich, dass die Menschheit es bis dahin geschafft hat, sich auf anderem Wege selbst zu beseitigen; oder man hat ein jüngeres Sonnensystem entdeckt, in dem die Menschheit weiterleben kann. Sie merken: Hier ist der reale Boden, aus dem Science-Fiction-Romane erwachsen. Für das Leben im Weltall war und ist es notwendig, dass Sterne sterben, denn nur dann werden jene chemischen Substanzen freigesetzt, aus denen zum Beispiel der Mensch besteht. Im zweiten Schöpfungsbericht lesen wir, dass Gott aus Staub einen Klumpen formt und seinen Atem hineinbläst. Heute wissen wir: Aus Sternenstaub sind wir gemacht. Das alles ist groß, vielleicht zu groß für unser Denken, in jedem Fall ist es ein Anfang, der uns ermutigen und herausfordern will, selbst groß zu denken.

Wo wir Großzügigkeit finden, da begegnen wir Gott. Einen anderen Schluss lässt die Schöpfungsgeschichte nicht zu. Es wird beschrieben, wie die Erde in sechs Tagen, in sechs Etappen und Zeitabschnitten erdacht und geschaffen wurde in einer atemberaubenden Vielfalt, die in uns die

Sehnsucht nach allem weckt, was Leben atmet. Wenn wir uns allein die Flora und die Fauna dieser Welt betrachten, mit wie viel spielerischer Kreativität die Wesen und Pflanzen dieser Erde entwickelt wurden und entstanden sind, dann können wir nur staunen. Und wir kennen ja noch längst nicht alle Lebewesen auf diesem Planeten. Man schätzt, dass es allein in der Tiefsee etwa eine Million verschiedener Lebensformen gibt, von denen wir gerade mal 30 Prozent kennen.

Doch zurück zur Erdoberfläche: Wir sind umgeben von einer bunten Vielfalt, einem unglaublichen Artenreichtum. Allein im Reich der Insekten gibt es so viele filigrane und dennoch hochspezialisierte Lebewesen, dass man nur staunen kann.

Sie wiegt 6,8 Gramm bei einer Flügelfläche von 2,5 Quadratzentimetern und einem Winkelabstand von sechs Grad. Nach den Gesetzen der Aerodynamik kann die Hummel nicht fliegen. Die Hummel weiß das nicht!

Die Schöpfungserzählungen wollen nicht erklären, *wie* die Erde geschaffen wurde, sondern *warum*. Die wichtigste Aussage der Schöpfungserzählungen war für die Menschen damals: »Und Gott sah, dass es gut war!« In einer Welt, in der man sich vieles nicht erklären konnte, in der man scheinbar hilflos dem Wechsel der Gezeiten, den Launen des Wetters und den Katastrophen ausgeliefert war, zu wissen: Die Schöpfung ist gut, sie ist verlässlich. Das ist die gute Nachricht der Schöpfung: Es ist gut!

Natürlich hat der Mensch versucht, die Natur zu kopieren, aber wenn man das probiert, merkt man eigentlich erst, wie viel dahintersteckt. Wie sagte der Astrophysiker Andreas Burkert so treffend: »Je mehr wir erkennen, desto mehr staunen wir!« Die Bibel beschreibt nun, wie groß und vielfältig die Schöpfung gedacht und gemacht wurde und dass alles, was erschaffen wurde, gut war. Alles, auch der Moskito, die Wespe und der Bandwurm, alles hat seinen Zweck, alles ist gut. Ich muss das nicht alles gut finden und ich muss lernen, damit umzugehen, aber ich darf zunächst einmal erkennen: Wo Gott ist, da ist Kreativität, und die denkt groß und atmet Freiheit, nämlich die Freiheit, am siebten Tag zu pausieren und zu ruhen. In einer Welt der Sklaverei und der Fronarbeit war das ein unglaublicher Freiraum: Einen Tag in der Woche soll ich, muss ich, darf ich aussteigen aus dem Hamsterrad und nichts tun, ausruhen, mit den Kindern spielen und das Leben genießen.

Gottes großer, bunter Garten

Übers Leben uns zu freuen,
wo es wild und frei gedeiht,
wollen wir in diesen Zeiten
nicht vergessen und dabei
Gottes großen, bunten Garten
staunend sehen und begehn.
Vor den Wundern seiner Schöpfung
bleiben wir voll Sehnsucht stehn.

Der Sehnsucht nach Leben
entspricht die Pflanzenwelt,
die Jahr für Jahr aufs Neue
die Erde kraftvoll füllt.

Der Sehnsucht nach Freude
entspricht die Farbenpracht
der Blüten und der Früchte,
die Gott für uns erdacht.

Der Sehnsucht nach Vielfalt
entspricht die Gegenwart
der vielen tausend Arten,
hier wurde nicht gespart.

Der Sehnsucht nach Liebe
entspricht das »Ich und Du«,
wo wir einander finden
kommt sie ganz still dazu.

Der Sehnsucht nach Frieden
entspricht die Harmonie,
denn Kriege unter Pflanzen
die gibt und gab es nie.

Der Sehnsucht nach Freiheit
entspricht der weite Raum,
in dem wir leben dürfen,
wir merken es oft kaum.

Übers Leben uns zu freuen,
wo es wild und frei gedeiht,
wollen wir in diesen Zeiten
nicht vergessen und dabei
Gottes großen, bunten Garten
staunend sehen und begehn.
Vor den Wundern seiner Schöpfung
bleiben wir voll Sehnsucht stehn.

So langsam wie möglich!

Mit unserem Konzertprogramm »Atem – Klang der Seele« waren wir zu Gast in Halberstadt, wo seit 2001 in der Burchardi-Kirche ein Stück von John Cage uraufgeführt wird, das 639 Jahre dauern soll (jetzt sind es nur noch 627 Jahre). Während das Stück läuft (Dauertöne von Orgelpfeifen) wird eine Orgel nach und nach aufgebaut. Die nur acht Seiten umfassende Partitur von John Cage hatte dieser mit der Anmerkung versehen: »play as slow as possible« – »bitte so langsam wie möglich spielen!« Tja, und das wird nun umgesetzt – in Halberstadt. Als ich das erste Mal von diesem Projekt gehört habe, dachte ich: »Das ist ja irgendwie ganz schön durchgeknallt«, aber mein lieber Mitmusiker und Freund Matthias Dörsam, ein begnadeter Saxophonist, war hellauf begeistert von diesem Projekt. Immer wieder erzählte er mir davon und brachte eine zehnstündige Filmvorführung eines Transatlantikfluges verbunden mit diesem Cageprojekt bei sich in seiner Studiobühne zur Aufführung. Nach und nach faszinierte auch mich dieser Gedanke und als wir dann in Halberstadt tatsächlich in dieser Kirche standen, fand ich das Projekt auf einmal sehr schön, angenehm, entschleunigend und: großzügig angelegt. Man steht in dieser leeren, fast ruinenhaften Kirche und hört einen Dauerton von zwei Orgelpfeifen, die auf einen Holzblock montiert sind. Und obwohl das Ganze auf den ersten Blick eher an eine Bodenentfeuchtungsanlage erinnert, wird man doch ergriffen und spürt, dass man in diesem Moment Teil eines großen und sehr langfristig angelegten Werkes ist.

Der kürzeste Ton dauert einen Monat und der längste Ton über 52 Jahre. Das Projekt finanziert sich dadurch, dass

Liebhaber sich einzelne Töne und Tonwechsel kaufen. Das kostet im Schnitt etwa 1000 Euro und man wird auf einer kleinen Messingtafel an den Wänden der Burchardi-Kirche verewigt. Wann immer ein Tonwechsel angesagt ist, wird dies als großes Happening gefeiert, zu dem hunderte von Besuchern und Kunstbegeisterten strömen. Tatsächlich passiert da aber nichts anderes, als dass eine Orgelpfeife hinzugefügt oder ausgetauscht wird, deren Luftklappe mit einem herabhängenden Sandsäckchen offen gehalten wird und somit im Dauerton erklingt. Der letzte Tonwechsel war am 5. Oktober 2013, der nächste wird sieben Jahre später, Anfang September im Jahr 2020, sein. Wir haben uns fest vorgenommen, dann dabei zu sein.

Hier haben Menschen, Visionäre, ein Kunstwerk begonnen, dessen Ende sie selbst nicht miterleben werden. Ähnliche Beispiele finden wir in der Architektur, zum Beispiel bei der Erbauung des Kölner Doms: Hier wurde groß gedacht und über Jahrhunderte ein Kunstwerk geschaffen, das groß und großzügig bis heute das Erscheinungsbild der Stadt Köln prägt. Viele Bauprojekte der Antike lassen sich unter dem baulichen Aspekt der Großzügigkeit betrachten. Dass man dabei allerdings auch mit dem Leben und der Gesundheit der Handwerker und Fronarbeiter (zum Beispiel beim Bau der pharaonischen Pyramiden) äußerst »großzügig« umging, verleiht diesen Zeugen einer großen Vergangenheit einen bitteren Nachgeschmack. Unter Großzügigkeit in der Architektur versteht man heute eine große, weitläufige und luftige Bauweise; die Golden Gate Bridge in San Francisco, die künstliche Inselanlage in Palmenform in Dubai oder das Bundeskanzleramt in Berlin fallen mir dabei ein. Allerdings weist schon in der Bibel die Geschichte vom Turmbau zu Babel eindrücklich auf den fließenden Übergang zwischen Großzügigkeit und Größenwahn hin.

Großzügigkeit kann man lernen 1

Beginnen wir mit dem Klassiker: dem Trinkgeld! Vor etlichen Jahren haben wir als Familie eine Zeit lang in den USA gelebt. Wenn man dort in ein Restaurant geht und auf die Speisekarte schaut, liest man nur die »Nettopreise«, denn das Geld für die Bedienung ist in diesen Preisen nicht enthalten. Der so genannte »tip« muss jeweils noch draufgerechnet werden und es wird erwartet, dass man 15 bis 20 Prozent »Trinkgeld« bezahlt. Wenn Sie also etwas für 50 Dollar bestellt haben, wird erwartet, dass Sie etwa 60 Dollar bezahlen. In dieser Zeit erhielten wir Besuch von sehr weitgereisten und welterfahrenen Freunden, die die Tatsache gerne nutzten, dass wir in Berkeley für vier Monate ein Haus gemietet hatten. Eines Abends luden sie uns zum Essen ein. Die Gesamtrechnung betrug etwas über 150 Dollar. Unser Freund legte den Betrag genau abgezählt auf das Tablett. Da sagte ich ihm: »Du hast den ›tip‹, das ›Trinkgeld‹ vergessen.« Darauf erwiderte dieser: »Ne, ich gebe kein Trinkgeld, grundsätzlich nicht, ich bin ja nicht reich!« Daraufhin musste ich ihn aufklären, dass er damit nach US-amerikanischer Sitte die Bedienung brüskieren würde, denn sie bekommt nur einen kleinen Grundlohn und ist auf den »tip« unbedingt angewiesen.

Nun war dieser Freund nicht etwa geizig – er wusste es einfach nicht besser. Wenn auch widerwillig erhöhte er die 150 Dollar auf 170 und lag damit immer noch am unteren Limit eines ganz normalen »tips«. Auch wir mussten uns erst daran gewöhnen, dass der »tip« in den USA etwas ganz anderes ist als das Trinkgeld bei uns. Als wir als Paar unsere erste USA-Reise unternahmen, landeten wir bei einem Nobel-Italiener in Las Vegas. Die Preise waren saftig und lagen weit über unserem normalen Budget, aber irgendwie hatten wir genug vom »Fast- und Junkfood« und wollten mal wieder richtig »gemütlich« zu Abend essen. Die Rechnung belief sich auf 106,50 Dollar. Nach deutscher Manier rundeten wir auf und reichten dem Kellner mit großzügiger Geste 110 Dollar, lächelten ihm zu und sagten: »It's okay!« Mit steinerner Miene nahm er das Geld entgegen und kehrte nach einiger Zeit mit dem kleinen Tablett, auf dem 3,50 Dollar lagen, zurück.

Als wir Anstalten machten, aufzustehen und zu gehen, wandte er sich an uns und sagte: »Sir (oft wird nur der Mann angeredet), you forgot the tip!«, und ich antwortete ihm: »No, no, it's okay, there it is!« und deutete auf das Tablett. Da starrte er uns mit großen Augen an, sein Kopf schwoll rot an, er baute sich vor uns auf und schrie: »That's the tip?«, drehte sich um und verschwand. Wir haben damals nicht verstanden, was das Problem war, haben uns aber im Laufe der Reise dann doch kundig gemacht, was es mit dem amerikanischen Trinkgeld auf sich hat.

Während in Deutschland ein Trinkgeld von 10 Prozent als großzügig gilt, ist dies in den USA erst ab 25 Prozent so, bis 20 Prozent wird es erwartet und ist völlig normal. Aber man kann einen US-Aufenthalt nutzen, um Großzügigkeit zu üben, indem man sich dort normal verhält und dann hier bei uns diese Normalität wieder um 50 Prozent reduziert.

Also: Wenn Sie das nächste Mal ausgehen und die Rechnung beträgt 68,90 Euro, dann widerstehen Sie doch der deutschen Angewohnheit, auf 70 Euro aufzurunden und gönnerhaft »Stimmt so!« zu sagen. Geben Sie doch 72 oder 73 Euro oder, wenn Sie »in Scheinen« bleiben wollen, sogar 75 Euro. Sie werden sehen: Es tut gar nicht weh, Sie wertschätzen den Service und werden auch noch mit einem freundlichen Lächeln belohnt. Und wenn Sie mit Karte zahlen, dann fragen Sie: »Können Sie sich Ihr Trinkgeld ausbezahlen, wenn ich auf 75 Euro erhöhe?« In aller Regel geht das und wenn nicht, dann zahlen Sie den gewünschten Betrag per Bankeinzug und legen Sie fünf Euro in bar drauf. Wenn Sie nur einen 20 oder 50 Euro-Schein haben, dann sagen Sie es der Bedienung: »Ich würde Ihnen gerne noch ein Trinkgeld geben, können Sie mir bitte diesen Schein wechseln?« Niemand erwartet allen Ernstes, dass Sie 20 Euro Trinkgeld geben, also keine Angst: Ihr Geld wird ordnungsgemäß gewechselt und dann können Sie sagen: »Geben Sie mir 15 Euro zurück!« Trinkgeld zu geben hat oft so etwas Verschämtes, so etwas Gönnerhaftes, leicht Protziges, wenn man so konspirativ nebenbei, gewissermaßen »unter der Theke« handelt. Das ist aber Unsinn und wir alle können lernen, es ganz offen und frei zu handhaben und zu üben. Das Gleiche gilt für die sogenannte Kollekte in einem Gottesdienst, hier wird Geld für einen ganz bestimmten Zweck gesammelt. Oft sind es soziale Einrichtungen, die da unterstützt werden, oder bestimmte Projekte und Bauvorhaben in einer Gemeinde. Diese Sammlung wird in der Kirche als »Dankopfer« verstanden, als dankbare Antwort der Gläubigen auf das eigene Wohlergehen und den Gottesdienst. Es ist aber auch, neben der Kirchensteuer und dem (in freien Gemeinden üblichen) Zehnten, ein letzter Rest der in der Urgemeinde so wichtigen Gütergemeinschaft. Wem viel gegeben wurde, der möge auch viel weitergeben. Wenn ich mir nun klarmache, dass Kollekte auch »Opfer« bedeutet, dann kann ich mir schon überlegen, ob das bisschen, was ich gelegentlich in den Klingelbeutel lege, tatsächlich einem Opfer entspricht.

Kollekten-Ansage in einer Gemeinde: »Wenn Sie das Doppelte geben von dem, was Sie gerade dachten zu geben, ist es die Hälfte von dem, was gebraucht wird.«

Ein weiteres großes Übungsfeld ist der Straßenverkehr: Auch hier lohnt sich ein kleiner Ausflug in ein anderes Land. Es gab Zeiten, da sind wir (meine Frau, ein Team und ich) jedes Jahr mit 50 bis 60 Jugendlichen nach Norwegen gefahren. Wir waren mit einem großen Bus (einem 54-Sitzer), einem VW-Bus und mehreren Pkws unterwegs und fuhren über Hirtshals in Dänemark mit der Fähre nach Christiansand und von dort noch einmal zwölf Stunden durch das Land, um zu unserem südlich von Bergen gelegenen Freizeitheim zu gelangen. Wenn man mit dem Auto und besonders, wenn man mit einem großen Bus durch Norwegen fährt, lernt man vor allem eines: Rücksichtnahme. Mit dem deutschen Fahrstil »Weg da, jetzt komm ich!« kommt man dort nicht weit, denn die Straßen sind viel zu eng. Man muss die Haltebuchten nutzen und sich per Augenkontakt, Licht- und Handzeichen mit dem entgegenkommenden Verkehr verständigen.

Was bei den Norwegern wunderbar klappt, könnte auch in Deutschland gut funktionieren, wenn wir alle ein wenig gelassener, weniger gehetzt und großzügiger wären. Längst sind ja auch bei uns viele Straßen zu eng geworden. Das liegt zum einen daran, dass sie oft beidseitig »beparkt« werden und es liegt zum anderen auch daran, dass manche Zeitgenossen nun auch bei uns mit fetten Pick-ups und Offroadern unterwegs sind, die wohl für die breiten Straßen in den USA, nicht aber für den bundesdeutschen »Innerortsstraßenverkehr« und schon gar nicht für eine EU-genormte Parklücke konzipiert sind. Hier kann man nun üben, den anderen den Vortritt, die Vorfahrt zu lassen, auch wenn man eigentlich »im Recht« wäre. Allerdings freut sich, wer solches tut, wenn ihm der Fahrer des entgegenkommenden Fahrzeugs dies dann auch, sei es durch Handzeichen oder Kopfnicken, dankt.

Auf einer dicht befahrenen Hauptstraße kann es vorkommen, dass jemand links abbiegen möchte, der Verkehr jedoch so dicht ist, dass partout keine Lücke entsteht. Das erkennt man meist unschwer daran, dass sich hinter dem potenziellen Linksabbieger bereits eine lange Schlange entnervt dreinblickender Leidensgenossen gebildet hat. Nun bricht mir ja kein Zacken aus der Krone, wenn ich ein wenig abbremse und dem Linksabbieger per Lichtzeichen signalisiere, dass ich ihn abbiegen lasse. Eine kleine Geste – ich gebe zu, dass ich auch nicht immer daran denke, aber es ist ein Übungsfeld.

Ein anderes Beispiel: Auf unseren deutschen Autobahnen kommt es regelmäßig vor, dass der Verkehr durch entsprechende Verkehrsschilder und Leuchtsignale von drei auf zwei Spuren geleitet wird. Dadurch bilden sich regelmäßig Staus. Diese Staus bilden sich aber auch vor allem deshalb und meist schon zu früh, weil viele Verkehrsteilnehmer nicht wahrhaben wollen, dass die 600 Meter bis zum Einfädelungspunkt auch tatsächlich ausgefahren werden sollen und dürfen (Straßenverkehrsordnung § 7 Absatz 4).

Erstaunlich ist auch folgende Beobachtung: Sie fahren hinter einem Pkw her, der ebenfalls die Einfädelungsspur nutzt, jedoch etwa 200 Meter vor dem eigentlichen Einfädelungspunkt von Skrupeln gepackt wird und sich rechts einordnet beziehungsweise »reindrängt«. Denn laut StVO müssen ihn die anderen erst »unmittelbar vor Beginn der Verengung« reinlassen. Jetzt könnte man ja meinen: Dieser Zeitgenosse wurde ja gerade reingelassen, der wird mich später sicher ebenfalls gerne einfädeln lassen. Falsch gedacht, oft sind diese Pkw-Fahrer dann die schlimmsten Wächter über ihre Spur und versuchen, »Stoßstange an Stoßstange« ein ordnungsgemäßes Einfädeln zu verhindern. Hier kann ich nun zwei Übungen machen: Zum einen kann ich tatsächlich von meinem Recht Gebrauch machen und ganz vor bis zum Einfädelungspunkt fahren und auf die Großzügigkeit der anderen hoffen, oder ich kann in der Tat frühzeitig nach rechts fahren und andere nach und nach vor mir einfädeln lassen. Hier müssen wir nun aufpassen, das wir Großzügigkeit nicht mit Rücksichtnahme und Höflichkeit verwechseln, die ganz normal und einfach notwendig sind, damit unser Zusammenleben als Menschen überhaupt funktioniert.

Ich war mit dem Pkw in der Schweiz unterwegs und fuhr auf einer zweispurigen Schnellstraße hinter einem Lkw auf der rechten Spur. Auf der linken Spur fuhren mehrere Pkws an mir vorbei und als ich eine Lücke entdeckte, setzte ich den Blinker und überholte den Lkw vor mir. Hinter mir war ein grauer BMW, der es offensichtlich ein wenig eiliger hatte, also wechselte ich wieder auf die rechte Spur und ließ ihn vorbei. Doch der BMW setzte sich vor mich und signalisierte mir mit einer Leuchtanzeige: »Gendarmerie – Bitte folgen!« Etwas verwundert nahm ich dieser Zivilstreife folgend die nächste Abfahrt. Auf einem Parkplatz kamen wir schließlich zum Stehen. Ein Schweizer Polizeibeamter in Zivil stieg aus und kam zu mir ans Auto. Ich betätigte den Fensterheber und er fragte mich, ob ich ein Ahnung hätte, warum sie mich angehalten hätten. Ich signalisierte ihm, dass ich keinen blassen Schimmer hätte, warum ich ihnen hätte folgen müssen. Darauf winkte er mich aus dem Auto und sagte: »Kommen Sie einmal mit!« Ich stieg aus und nahm, seiner Anweisung folgend, in deren Auto Platz. Auf einem kleinen Bildschirm konnte ich nun mein (wie ich fand) ordnungsgemäßes Blinkersetzen, Ausscheren und Wiedereinscheren begutachten. Ich sagte zu dem Beamten: »Und weiter? So habe ich das in Fahrschule gelernt: Orientieren und wenn man den Eindruck hat, man kann die Fahrbahn wechseln, den Blinker setzen, ausscheren, überholen und wenn der Pkw hinter einem es besonders eilig hat, wieder einscheren und weiterfahren!« Darauf der Schweizer Polizist: »Schauen Sie mal auf unseren Tachometer, wir mussten 20 km/h abbremsen, weil Sie sich »herausgedrängt« haben. Sie haben uns genötigt, abzubremsen.« An diesem Punkt erschien es mir klug, nicht über Höflichkeit im Straßenverkehr zu diskutieren, denn wenn ich sehe, dass vor mir jemand hinter einem Lkw hängt, dann lasse ich ihn doch raus.

»Was würde solch ein Vergehen in Deutschland kosten?«, fragte der Gendarm weiter. Darauf erwiderte ich: »Ich glaube nicht, dass das in Deutschland überhaupt geahndet würde, aber wenn, dann gäbe es allenfalls eine Verwarnung und maximal 50 Euro Strafe!« »Was, glauben Sie, kostet Sie das in der Schweiz?«, fragte er weiter, um die Frage dann auch gleich selbst zu beantworten: »Das würde Sie normalerweise 750 Schweizer Franken und einen Monat Fahrverbot kosten!« Völlig sprachlos zeigte ich mich natürlich einsichtig und gab mich in vollem Umfang dankbar und als »erfolgreich belehrt« zu erkennen, denn schließlich hatte ich keine Lust, die übliche Regelung in Anspruch zu nehmen. Der Gendarm beließ es denn auch bei dieser Belehrung, die ich schon damals als ziemlich kleinkariert und keineswegs großzügig empfand.

An keinem anderen Ort in Deutschland kann man so oft und regelmäßig beobachten, wie ganz normale Zeitgenossen plötzlich komplett ausrasten wie auf der Autobahn. Da befindet man sich in einem ganz normalen Überholvorgang auf der linken Spur, überholt die Autos rechts neben einem zügig und plötzlich kommt von hinten einer angebraust. Mit Lichthupe, gesetztem Blinker und wilder Gestikulation versucht jemand, sich Platz zu schaffen und mich beiseite zu drängen. Geht man dann rüber in eine Lücke, zeigt einem der Drängler womöglich noch den Vogel und drückt auf die Hupe. Immer wieder kann man Berichte darüber lesen, dass Verkehrsteilnehmer zu regelrechten Verkehrskontrahenten werden, die sich gegenseitig anstacheln und aggressiv hochschaukeln. An kaum einem anderen Ort werden andere Mitmenschen, oft wegen Bagatellen, so wüst beschimpft und beleidigt wie beim Autofahren, nur bleibt es meist in den vier Wänden des privaten Pkw. Wenn die aber erzählen könnten …

Ich weiß es ja von mir selbst, wie schnell ich im Auto wütend auf andere reagiere. Doch da fällt mir ein Jesuswort ein: »Segnet die, die euch verfluchen.« Das habe ich auf meinen letzten Fahrten einmal ausprobiert. Wenn mich wieder einer so rüpelhaft behandelt hat, bin ich eben nicht auch auf die Hupe und habe ich ihm nicht ebenfalls den Vogel gezeigt, sondern ich habe ihm alles Gute und mehr Ruhe gewünscht und ihn für seine weitere Reise gesegnet. Und dann geschah etwas sehr Erstaunliches: Ich blieb selber ruhig, war nicht mehr aggressiv und ließ mich auch nicht anstecken von dem pöbelnden Verhalten des anderen.

Ähnlich geht es mir, wenn ich in solchen Situationen ein Kreuz schlage und dabei »im Namen des Vaters, des Sohnes und des Heiligen Geistes« tief durch- und kräftig ausatme. Irgendwie befreit mich das, stellt mich unter den Schutz eines Stärkeren und in den Freiraum der Liebe Gottes.

Sei wie eine Brunnenschale, die zuerst das Wasser in sich sammelt und dann überfließend es weitergibt.

Bernhard von Clairvaux

Großzügigkeit versus Gutmütigkeit

»Darf's ein bisschen mehr sein?«, fragt die gut genährte Metzgersfrau. Und die Kundin nickt natürlich, reflexartig. Natürlich darf es ein bisschen mehr sein. Im Zweifelsfall großzügig, oder so. Nur dass es hier gar nicht um Großzügigkeit geht, denn die Metzgersfrau schenkt ja dieses »bisschen mehr« nicht her, sondern berechnet es voll und ganz. Und auch die Kundin ist nicht großzügig, sondern eher gutmütig. Diese Gutmütigkeit nutzt die Verkäuferin aus. Das ist kein Drama, sondern etwas ganz Banales, wie es Tag für Tag in tausenden von Metzgereien passiert. Es wäre mal interessant, herauszufinden, wie viel Umsatz das »bisschen mehr« ausmacht. Wenn wir einmal davon ausgehen, dass es in Deutschland etwa 100 000 Metzgereien (inklusive der Filialen in irgendwelchen Supermärkten) gibt und dass etwa 100 Mal am Tag Wurst oder Aufschnitt mit der Zusatzfrage »Darf's ein bisschen mehr sein?« auf die Waage gelegt und verkauft wird. Gehen wir mal von 10 Gramm aus und davon, dass der Wurstaufschnitt bei 100 Gramm nur einen Euro kostet. 100 Mal am Tag zehn Gramm sind 1000 Gramm, also ein Kilo »bisschen mehr« in einer einzigen Metzgerei pro Tag. Rechnet man nun das Ganze hoch und multipliziert es mit allen 100 000 Metzgereien in Deutschland, kommt man auf 100 000 Kilo »bisschen mehr« an einem einzigen Tag. Das sind eine Million Euro Umsatz pro Tag – das bedeutet einen Jahresumsatz von rund 300 Millionen Euro nur mit »ein bisschen mehr« allein in Deutschland. Man könnte das Ganze jetzt noch weltweit rechnen, denn sicher wird auch in den Metzgereien anderer Länder eifrig »ein bisschen mehr« verkauft. 300 Millionen Jahresumsatz zusätzlich, weil hier scheinbare Großzügigkeit im Wechsel mit einer pragmatischen Gutmütigkeit wilde Blüten treibt. Dass sich die beiden oft vermischen, ist eine ganz alte Geschichte, die wir ebenfalls in der Bibel finden:

Gott hat den Menschen geschaffen, er hat sie als Mann und Frau geschaffen und ihnen das Paradies zu Füßen gelegt. »Ihr könnt machen, was ihr wollt, nur von diesem einen Baum sollt ihr keine Frucht essen.« Großzügig: das Paradies – grenzenlose Freiheit mit einer einzigen Ausnahme. Warum diese Freiheit nicht genießen, warum nicht auskosten, dass man und frau tun und lassen kann, was man möchte? Paradiesisch eben. Warum reizt dieser eine Baum so sehr, dass man alles andere dafür aufs Spiel setzt?

Und die Frau sah, dass von dem Baum gut zu essen wäre und dass er eine Lust für die Augen wäre und verlockend, weil er klug machte.

(1. Mose 3,6)

Da ist diese Stimme in uns, die sagt: »Sollte Gott der Herr das tatsächlich gesagt haben?« Der Mensch ist neugierig und das ist ja auch gut so, denn ohne Neugier würden wir immer noch in Höhlen hausen und mit Schweineknochen unter der Wotanseiche würfeln. Die menschliche Neugier ist die Triebfeder für den Fortschritt. Und so haben wir uns daran gewöhnt, den Regelbruch von Adam und Eva zu bagatellisieren und schönzureden, ganz nach dem Motto: »Wie gut, dass Eva die Frucht genommen hat.« Eva als die Mutter des Fortschritts.

»Darf's nicht ein bisschen mehr sein?« Eine Stimme, dargestellt als Schlange, überredet Eva, indem sie etwas sehr Geschicktes tut: Sie konzentriert sich auf die eine Einschränkung und tut so, als sei alles andere nichts, wenn nicht diese eine Einschränkung aufgehoben wird. Nicht mehr die Großzügigkeit des Schöpfers steht nun im Vordergrund, sondern das Verbot, die Einschränkung. Nicht mehr der wunderschöne, grenzenlose Garten wird gesehen, sondern nur noch das eine, das man nicht hat, nicht haben kann und darf. »Alle Not kommt vom Vergleichen«, hat Søren Kierkegaard einmal gesagt. Diese Not wird nun herbeigeredet, die Unzufriedenheit wird heraufbeschworen und auf einmal fühlt man sich nicht mehr wohl, obwohl eigentlich alles gut ist. Der Großzügige wird nun als kleinkariert dargestellt, weil er diesen einen Baum, diese eine Verbindlichkeit aufgestellt hat.

Es gab Situationen mit unseren Kindern, als diese noch klein waren, in denen wir den ganzen Tag lang zum Beispiel in einem großen Freizeitpark das gemacht haben, was die Kinder uns vorschlugen. Irgendwann kam dann der Punkt, an dem wir gesagt haben: »Okay, jetzt ist es gut, jetzt fahren wir nach Hause.« Und dann kamen wir kurz vor dem Ausgang noch an einem Stand vorbei und sie wollten unbedingt noch eine Tüte Süßigkeiten oder ein Kuscheltier oder was weiß ich was haben. Wenn das ausgeschlagen wurde, dann gab es richtig Krach, dann war der ganze Tag nichts, dann wurde nur noch das eine gesehen, das nicht in Erfüllung gehen durfte und dann fand man auch noch andere Sachen, die ja auch nicht so toll waren an diesem Tag. Zum Schluss saßen alle unzufrieden und schmollend im Auto, obwohl es eigentlich ein schöner Tag gewesen war.

Eva macht sich diese Argumentation zu eigen und überredet Adam; beide naschen am Verbotenen. Und auf einmal schämen sich die beiden voreinander – die Unschuld ist dahin und sie sehen, dass sie nackt sind. Eigentlich ist »nackt« ja schön, doch durch die Brille des Defizits tritt auf einmal die Scham zutage. Deshalb verstecken sie sich voreinander und vor Gott, weil sie sich schämen. Und Gott merkt, dass etwas nicht stimmt und er sucht seine Menschen und kann sie nicht mehr finden:

Und sie hörten Gott den HERRN, wie er im Garten ging, als der Tag kühl geworden war. Und Adam versteckte sich mit seiner Frau vor dem Angesicht Gottes des HERRN unter den Bäumen im Garten. Und Gott der HERR rief Adam und sprach zu ihm: Wo bist du? Und er sprach: Ich hörte dich im Garten und fürchtete mich; denn ich bin nackt, darum versteckte ich mich. Und er sprach: Wer hat dir gesagt, dass du nackt bist? Hast du nicht gegessen von dem Baum, von dem ich dir gebot, du solltest nicht davon essen? Da sprach Adam: Die Frau, die du mir zugesellt hast, gab mir von dem Baum und ich aß. Da sprach Gott der HERR zur Frau: Warum hast du das getan? Die Frau sprach: Die Schlange betrog mich, sodass ich aß.

(1. Mose 3,8–13)

»Darf's ein bisschen mehr sein?« Nein, Gott ist zwar großzügig, aber er ist nicht gutmütig, zumindest nicht in dieser Urerzählung, die ja ganz im Stil altorientalischer Erzählweise gehalten ist.

Wenigstens das: Adam und Eva schämen sich und deshalb verstecken sie sich. Allzu menschlich: schämen viel leicht, aber Schuld zugeben? Auf keinen Fall, da gibt es noch ganz andere Kaliber, sollen doch die sich erst mal entschuldigen. Ich bin ja nur ein ganz kleines Rädchen in einem riesigen Getriebe – ich konnte ja gar nicht anders! »Die Hölle sind immer die anderen«, schuld sind immer die anderen. Es ist spannend und entlarvend gleichzeitig, zu sehen, wie hier die Großzügigkeit verwechselt wird mit Gutmütigkeit. Großzügigkeit ist souverän, sie beruht auf einer freien Entscheidung und kann nicht ausgenutzt werden, denn entweder bin ich großzügig und dann ist es mir egal, was die anderen denken oder ich bin es nicht. Gutmütigkeit hingegen kann man ausnutzen und Menschen, die ständig gutmütig sind und die ständig von anderen ausgenutzt werden, kommen irgendwann an den Punkt, an dem sie sich frustriert zurückziehen. In dieser Urerzählung wird klargemacht: Großzügigkeit hat ihre klaren Grenzen und die sind nicht verhandelbar. Bei einem gutmütigen Gegenüber hätte man ja vielleicht noch sagen können: »Ach komm, diese eine Frucht … Passiert auch nicht wieder, ehrlich, nun hab dich nicht so!«

Und Gott, Gott sucht den Menschen bis heute und ruft: »Mensch, wo bist du?« Adam gibt sich zu erkennen und die beiden kommen ins Gespräch.

Gott spricht Adam darauf an, dass er das eine, das einzige kleine Gebot unbedingt überschreiten musste: »Warum? Warum?«
»Naja, das war ich ja gar nicht richtig, das war die Eva, die hat mir von der Frucht gegeben. Die Eva ist so schön, der kann ich einfach nichts abschlagen. Warum hast du sie auch so schön gemacht, Gott?«, sagt Adam. »Damit du dich in sie verliebst!«, antwortet Gott. »Ja, aber die Sache mit der Frucht, die war doch jetzt echt dumm, warum hast du Eva so dumm gemacht, lieber Gott?« »Damit sie sich in dich verliebt!«

Gottes Geist zieht
durch den Garten,
spürt die Kälte,
sie nimmt zu.
Gottes Geist sucht
uns im Garten
und fragt: Mensch,
wo bist Du?

Gottes Geist hört
unser Reden,
hört die Härte,
sie nimmt zu.
Gottes Geist lauscht
einem jeden
und fragt: Mensch,
wo bist Du?

Gottes Geist kennt
unser Denken,
weiß, wir grübeln
immerzu.
Gottes Geist will
uns beschenken
und fragt: Mensch,
wo bist Du?

Gottes Geist sieht
unser Handeln,
sieht die Lähmung,
sie nimmt zu.
Gottes Geist will
uns verwandeln

und fragt: Mensch,
wo bist Du?

Wo bist Du?
Wo bist Du?
Gott ist auf der Suche,
Mensch, wo bist Du?

Um des lieben Friedens willen

Im ersten Buch Mose (Kapitel 13) wird uns erzählt, wie Abram (später Abraham) mit seinem Neffen Lot durch das sogenannte Südland (Vers 3: »bis nach Bethel«) zog und sie mit ihren Herden nach immer neuen Weiden Ausschau hielten. Beide müssen wohl sehr vermögend gewesen sein und auch ihre Schaf- und Rinderherden waren wohl so groß, dass es immer schwieriger wurde, für alle Nahrung und Wasser zu finden. Aus diesem Grund gerieten die Hirten Abrams und die Hirten Lots immer wieder aneinander, sodass Abram eines Tages vorschlug, dass sie sich »um des lieben Friedens willen« trennen sollten. Dabei war er äußerst großzügig und ließ Lot entscheiden, welchen Teil des Landes dieser für sich beanspruchen wollte:

> *Da sprach Abram zu Lot: Lass doch nicht Zank sein zwischen mir und dir und zwischen meinen und deinen Hirten; denn wir sind Brüder. Steht dir nicht alles Land offen? Trenne dich doch von mir! Willst du zur Linken, so will ich zur Rechten, oder willst du zur Rechten, so will ich zur Linken.*
>
> (1. Mose 13,8–9)

Und Lot schaut sich um und sein Auge fällt natürlich auf das Uferland am Jordan. Der Jordan ist bis heute die Lebensader dieser Region. Damals muss es aber eine noch viel schönere und wasserreiche, fruchtbare Landschaft gewesen sein, die sich bis hinunter nach Sodom erstreckte. Natürlich nutzt Lot die Gunst der Stunde und wählt diesen Teil für sich aus. Doch wie so manches Mal, wenn Träume in Erfüllung gehen oder wenn etwas auf den ersten Blick besonders verlockend erscheint, steckt von Anfang an der Wurm drin. Denn den »lieben Frieden« gibt es nicht einfach so und schon gar nicht, wenn jemand immer und immer auf seinen eigenen Vorteil bedacht ist.

Um des lieben Friedens willen
meiden wir den Streit.
Um des lieben Friedens willen
bleiben wir zu zweit.
Um des lieben Friedens willen:
nur kein falsches Wort.
Um des lieben Friedens willen
bleiben wir halt fort.

Um des lieben Friedens willen
schließ die Augen zu.
Um des lieben Friedens willen
schweige auch dazu.
Um des lieben Friedens willen
lass das Gestern ruhn.
Um des lieben Friedens willen
such dir was zu tun.

Um des lieben Friedens willen
gib uns keine Schuld.
Um des lieben Friedens willen
üb' dich in Geduld.
Um des lieben Friedens willen
versuche zu verstehn.
Um des lieben Friedens willen
lerne wegzusehn.

Um des lieben Friedens willen
verhalte dich korrekt.
Um des lieben Friedens willen
wird jetzt abgespeckt.
Um des lieben Friedens willen
stimmen wir dir zu.
Um des lieben Friedens willen
lass uns dann in Ruh.

Doch den »lieben Frieden«
gibt es leider nicht.
Nur das dumpfe Schweigen
liegt wie eine Schicht
über alten Wunden
der Vergangenheit.
Doch darunter brodeln
Angst, Gewalt und Streit.

Wer kleinkariert ist und immer nur den eigenen Vorteil und das angebliche »eigene Recht« im Blick hat, übersieht mitunter die Folgekosten einer Entscheidung, übersieht eventuell, dass er sich mehr Probleme einhandelt, als er vorher hatte. Denn Lot hatte sich die Städte des unteren Jordans ausgesucht und zu diesen Siedlungen zählte auch die Stadt Sodom. Dass seine Wahl nur auf den ersten Blick die bessere war, wird angedeutet in dem Zusatz:

Aber die Leute zu Sodom waren böse und sündigten sehr wider den HERRN.
(1. Mose 13,13)

Lot hatte sich, ohne weiter darauf zu achten, in schlechte Gesellschaft begeben. Die Bewohner der Stadt Sodom waren wohl das, was man heute als einen »rundum schlechten Umgang« bezeichnen würde – dort wohnte Lot schließlich mit seiner Familie und konnte kurz vor dem Untergang von Sodom und Gomorra noch mit knapper Not sein Leben und das seiner Familie retten. Manches, was auf den ersten Blick verlockend erscheint, entpuppt sich bei genauerem Hinsehen als Desaster.

Die Erzählung von Abram und Lot ist eine wirkliche Ermutigung zu Großzügigkeit. Während die Kleinkariertheit und der Eigennutz des Lot im Desaster endet, wird die Großzügigkeit des Abram mit einer unglaublich großzügigen Verheißung belohnt:

> *Als nun Lot sich von Abram getrennt hatte, sprach der HERR zu Abram: Hebe deine Augen auf und sieh von der Stätte aus, wo du wohnst, nach Norden, nach Süden, nach Osten und nach Westen. Denn all das Land, das du siehst, will ich dir und deinen Nachkommen geben für alle Zeit und will deine Nachkommen machen wie den Staub auf Erden. Kann ein Mensch den Staub auf Erden zählen, der wird auch deine Nachkommen zählen. Darum mach dich auf und durchzieh das Land in die Länge und Breite, denn dir will ich's geben.*
>
> (1. Mose 13,14–17)

Wer großzügig ist und andere im Blick hat, erfährt auf lange Sicht selbst Großzügigkeit, lebt befreiter und die eigene Sicht wird weiter. Wenn ich andere beschenke, werde ich selbst beschenkt. Ich brauche keine Angst zu haben, dass ich eventuell zu kurz komme, denn ich lerne im Verschenken ja auch loszulassen. Ich merke, dass ich vieles gar nicht brauche und dass es mitunter befreiend sein kann, anderen den Vortritt zu lassen.

Spar deinen Wein nicht auf für morgen

Spar deinen Wein nicht auf für morgen.
Sind Freunde da, so schenke ein!
Leg, was du hast, in ihre Mitte.
Durchs Schenken wird man reich allein.
Spar nicht mit deinen guten Worten.
Wo man was totschweigt, schweige nicht.
Und wo nur leeres Stroh gedroschen,
da hat dein gutes Wort Gewicht!
Spar deine Liebe nicht am Tage
für paar Minuten in der Nacht.
Hol sie aus ihrer Dunkelkammer,
dann zeigt sie ihre Blütenpracht.
Spar deinen Mut nicht auf für später,
wenn du mal »was ganz Großes« bist.
Dein kleiner Mut hilft allen weiter,
weil täglich Mut vonnöten ist.
Spar deinen Wein nicht auf für morgen.
Sind Freunde da, so schenke ein!
Leg, was du hast, in ihre Mitte.
Durchs Schenken wird man reich allein.

Gerhard Schöne

Dieses Lied ist ein ziemlich frühes Werk des ostdeutschen Liedermachers Gerhard Schöne, mit dem ich seit vielen Jahren verbunden bin. Ich bin ein Fan von gutem Rotwein und den Satz »Das Leben ist zu kurz, um schlechten Wein zu trinken« kann ich nur voll und ganz unterschreiben. Und so habe ich denn auch bei mir zu Hause einen recht gut sortierten Weinkeller, denn längst nicht jeder Wein passt zu jeder

Gelegenheit: Da gibt es die ganz normalen Tafelweine, die man zu einem Abendessen trinken kann, die jedoch für sich getrunken relativ wenig hergeben an Facettenreichtum und Geschmacksnuancen. Vielleicht kennen Sie das aus den blumigen Beschreibungen, wie wir sie in den gängigen Weinkatalogen antreffen: *Dieser ausgereifte Cabernet atmet einem entgegen mit einem Hauch von Brombeer und Vanille. Gepaart mit einem leichten Anflug von Zartbitterschokolade verschmilzt dieser erlesene Tropfen zu einem tiefgründigen Gedicht von Süßkirschen und zartem Tannin. Nachhaltig rund im Abgang hinterlässt dieser Wein einen wohligen Gesamteindruck.* Sieht man einmal davon ab, dass man sich nur selten auf diese Beschreibungen verlassen kann, bringen sie natürlich eines zum Ausdruck: Ein Wein, der mich fünf Euro gekostet hat, wird in der Regel eine andere Qualität haben, als ein Wein, der 15 oder 20 Euro gekostet hat. Ausnahmen bestätigen natürlich auch hier die Regel.

Des Weiteren gibt es weltweit so viele Weinanbaugebiete und so viele unterschiedliche Rebsorten, dass es wirklich eine ganz eigene Wissenschaft ist, sich da auszukennen. Wir haben ziemlich oft Gäste, denn ich hab es sehr gerne, wenn wir zusammensitzen, erzählen und uns aneinander freuen. Und natürlich gibt es dabei auch etwas zu trinken. »Guten Rotwein trinken« beinhaltet natürlich sehr viel mehr als »Alkohol in sich hineinschütten«. Das ist verbunden mit Riechen, Atmen und Schmecken. Über Rotwein kann man sich stundenlang unterhalten und genussvoll beobachten und erleben, wie ein Wein sich entfaltet. Allerdings kann sich nur der Wein entfalten, der auch ein Potenzial hat. Wer immer nur danach schaut, dass er einen möglichst billigen Wein auf den Tisch stellt, hat zumindest vom »Rotwein genießen« wenig verstanden. Und wenn man nur noch einen guten Tropfen im Keller hat und liebe Gäste sind da, dann gilt die Aufforderung von Gerhard Schöne: »Spar deinen Wein nicht auf für morgen!« Einen guten Rotwein muss man in Gesellschaft genießen.

Im 1. Buch Mose, Kapitel 18 wird uns davon berichtet, wie drei Männer Abraham und Sara besuchten, unbekannte Männer, die aber von Abraham und Sara fürstlich bewirtet und willkommen geheißen wurden:

Und der HERR erschien ihm im Hain Mamre, während er an der Tür seines Zeltes saß, als der Tag am heißesten war. Und als er seine Augen aufhob und sah, siehe, da standen drei Männer vor ihm. Und als er sie sah, lief er ihnen entgegen von der Tür seines Zeltes und neigte sich zur Erde und sprach: Herr, hab ich Gnade gefunden vor deinen Augen, so geh nicht an deinem Knecht vorüber. Man soll euch ein wenig Wasser bringen, eure Füße zu waschen, und lasst euch nieder unter dem Baum. Und ich will euch einen Bissen Brot bringen, dass ihr euer Herz labt; danach mögt ihr weiterziehen. Denn darum seid ihr bei eurem Knecht vorübergekommen. Sie sprachen: Tu, wie du gesagt hast. Abraham eilte in das Zelt zu Sara und sprach: Eile und menge drei Maß feinstes Mehl, knete und backe Kuchen. Er aber lief zu den Rindern und holte ein zartes, gutes Kalb und gab's dem Knechte; der eilte und bereitete es zu. Und er trug Butter und Milch auf und von dem Kalbe, das er zubereitet hatte, und setzte es ihnen vor und blieb stehen vor ihnen unter dem Baum und sie aßen.

(1. Mose 18,1–8)

Behandle und bewirte Gäste stets so, als würde dir Gott in einem Gast begegnen, das ist der Grundsatz echter Gastfreundschaft. Und wahre Gastfreundschaft ist immer großzügig, tischt immer das Beste auf. Abraham bedankt sich ja sogar bei seinem Gast: »Herr, habe ich Gnade vor deinen Augen gefunden!« Der Gast ist nicht lästig, sondern hochwillkommen, obwohl der Gastgeber gar nicht weiß, wen er da vor sich hat. Von dieser viel gerühmten orientalischen Gastfreundschaft können wir viel lernen, wenn sie denn tatsächlich herzlich und selbstlos gemeint ist. Bei meinen verschiedenen Reisen als musikalischer Botschafter für die Christoffel-Blindenmission (CBM), ein weltweit operierendes Hilfswerk (Bensheim), bin ich in Indien und in Tansania Familien begegnet, deren Häuser und Wohnungen wir besucht haben. Familien, die praktisch nichts hatten, für die es jedoch das Allerschlimmste gewesen wäre, mir nicht wenigstens einen heißen Tee oder eine Ziegenmilch anzubieten. Gastfreundschaft ist in diesen Ländern ein hohes Gut. Und es gilt auch hier der alte Grundsatz: »Behandle einen anderen stets so, wie du gerne von ihm behandelt werden würdest oder noch besser!«

Abraham und Sara verwandeln den Vorplatz ihres Zeltes zu einer regelrechten Wellnessoase und nachdem sich die drei Füße, Hände und Nacken erfrischen konnten, servieren sie ihnen ein wahres Festmahl. »Spar deinen Wein nicht auf für morgen«, denn es könnten Boten Gottes, ja es könnte Gott selbst sein, der dir im Fremden, im anderen begegnet. Der Fremde ist also nichts Unangenehmes, sondern im Gegenteil: Er wird nach Strich und Faden verwöhnt. In einem Land, in dem Fremdenargwohn oder gar Fremdenhass zum allgemeinen Lebensgefühl zu gehören scheint, können wir uns davon eine dicke Scheibe abschneiden. Und in der Tat erweisen sich diese drei Männer als Boten Gottes, als »Angeloi«, und sie bringen eine unglaubliche Botschaft:

Da sprachen sie zu ihm: Wo ist Sara, deine Frau? Er antwortete: Drinnen im Zelt. Da sprach er: Ich will wieder zu dir kommen übers Jahr; siehe, dann soll Sara, deine Frau, einen Sohn haben. Das hörte Sara hinter ihm, hinter der Tür des Zeltes. Und sie waren beide, Abraham und Sara, alt und hochbetagt, sodass es Sara nicht mehr ging nach der Frauen Weise. Darum lachte sie bei sich selbst und sprach: Nun, da ich alt bin, soll ich noch der Liebe pflegen, und mein Herr ist auch alt! Da sprach der HERR zu Abraham: Warum lacht Sara und spricht: Meinst du, dass es wahr sei, dass ich noch gebären werde, die ich doch alt bin? Sollte dem HERRN etwas unmöglich sein? Um diese Zeit will ich wieder zu dir kommen übers Jahr; dann soll Sara einen Sohn haben. Da leugnete Sara und sprach: Ich habe nicht gelacht –, denn sie fürchtete sich. Aber er sprach: Es ist nicht so, du hast gelacht.

(1. Mose 18,9–15)

Behandle Gäste stets so, als würde dir Gott in einem Gast begegnen! Die, die andere, die Fremde beschenken, werden auf einmal selbst zu Beschenkten und hätte Sara gewusst, wer die drei Männer waren, die ihr solches prophezeiten, dann hätte sie wohl nicht gelacht. So aber konnte sie nicht anders – wie sollte sie als alte Frau noch ein Kind gebären? Das war ja auch geradezu lächerlich. Machte sich da jemand lustig über sie? Ein Kind zu bekommen, das war doch ihr sehnlichster Wunsch, und alle Paare, die sich nach einem eigenen Kind sehnen, wissen, wie sehr dieser Wunsch an einem nagen kann. Damit spielt man nicht, darüber macht man sich nicht lustig. Längst hatten sie sich von diesem Traum vom eigenen Kind verabschiedet und nun faselte da ein fremder Gast etwas von einem Kind, das sie bekommen würden. Das war nun wirklich zum Lachen.

Erst im Nachhinein, erst bei der Geburt ihres Kindes haben Abraham und Sara gesehen, *wer* da bei ihnen zu Gast gewesen ist. Die Großzügigkeit der Gastgeber wurde durch die Großzügigkeit des Schöpfers beantwortet, eine Großzügigkeit, die als schöpferische Kraft scheinbar Unmögliches möglich macht.

Groß denken und groß handeln

»Alles beginnt mit der Sehnsucht, am Anfang steht immer ein Traum!«, heißt es in einem Sprichwort. Die Geschichte der Reformation ab dem 16. Jahrhundert, der Bau der amerikanischen Eisenbahnstrecke von Ost nach West im 19. Jahrhundert, die Vision von einem geeinten Europa, die Landung der ersten Menschen auf dem Mond, der Fall der innerdeutschen Mauer – all diese Ereignisse und Entwicklungen konnten stattfinden, weil Menschen bereit waren, kühn und groß zu denken, weil Visionäre sich nicht mit dem Status quo abfinden wollten, sondern über den eigenen Tellerrand hinaussahen und -dachten.

Ein alter Schulfreund von mir ist Inhaber eines der größten Luxushotels in Deutschland. Bereits in der vierten Generation befindet sich diese herrlich erholsame Wohlfühloase im Familienbesitz. Und alles begann ganz klein und einfach: Unmittelbar nach dem ersten Weltkrieg hatten seine Vorfahren die Idee einer besonders gemütlichen Pension im malerischen Allgäu. Mit viel Liebe zum Detail und dem Esprit einer herzlichen Gastfreundschaft wurde hier groß und größer gedacht: Wie können wir unser Angebot erweitern? Wie können wir die Zimmer verbessern und die Küche optimieren? Schon 1923 gab es Moorpackungen für die Gäste. Mit ungeheurem Fleiß und viel Engagement wuchs und entwickelte sich aus der kleinen Pension ein großes Luxushotel, das 1956 das erste Hallenbad in einem deutschen Hotel eröffnete und das heute als ein kaum zu überbietendes Fünf-Sterne-Superior-Luxusresort dasteht, mit eigenen Golfplätzen, Skipisten, Wellnessoasen und super gemütlichen Gasträumen und Zimmern. Vor etlichen

Jahren durfte ich einmal dabei sein, als mein Schulfreund (wieder) einmal zum »Hotelier des Jahres« gekürt wurde und da hieß es in der Laudatio: »die schönste Art, bayrische Lebensweise zu genießen …«, und das stimmt. Es stimmt vor allem aber auch deshalb, weil hier, und zwar in allen Generationen, immer groß gedacht wurde – man hatte immer die großen Züge im Blick (bis hin zu einer Dependance in den USA). Der Spruch »Wenn es von selber läuft, geht es bergab« mag ein Ansporn gewesen sein, nie die große Vision aus den Augen zu verlieren, besser als die anderen zu sein und den Service und das Angebot ständig zu optimieren. Wenn man heute in den Gängen dieses großartigen Hotels wandelt, kann man die Geschichte von der kleinen Pension im Jahre 1919 bis hin zum Super-Luxus-Resort heute anhand von zum Teil ziemlich lustigen Fotos miterleben und nachvollziehen.

Von so einer Entwicklung aus dem ganz Kleinen hin zu einer großen Bewegung handelt auch die sogenannte Exodus-Erzählung im Alten Testament.

> *Mose hütete die Schafe Jitros, seines Schwiegervaters, des Priesters in Midian, und trieb die Schafe über die Steppe hinaus und kam an den Berg Gottes, den Horeb.*
> (2. Mose 3,1)

Als Kind mit knapper Not dem Tod entronnen, aufgewachsen als Privilegierter am Hofe des Pharao, über Nacht zum gejagten Mörder geworden, hatte Mose nun die letzten Jahre damit verbracht, die Schafherden seines Schwiegervaters Jitro zu hüten. Und nun stand er mitten in der Wüste plötzlich vor einem brennenden Dornbusch, dessen Feuer sich weder auszuweiten noch zu verzehren schien. Ein unglaubliches

Phänomen und Naturwunder – ein Feuer, das nicht um sich greift und weder sich noch das Brennmaterial verzehrt, so ein Feuer gab und gibt es doch gar nicht.

Ich denke, wir alle können uns in die Lage des Mose gut hineinversetzen. Zunächst einmal wäre ich sicher erschrocken. Und dann wäre ich wie Mose neugierig geworden und hätte die Sache näher inspiziert. Die Neugier ist eine wunderbare menschliche Antriebskraft. Ohne Neugier keine Forschung, ohne Neugier kaum ein Fortschritt, ohne Neugier kein Lernen.

Mit dieser positiven Neugier nähert sich Mose dem brennenden Dornbusch. Doch kaum geht Mose seinem Neugiertrieb nach, wird er auch schon jäh gestoppt:

> *Als aber der HERR sah, dass er hinging, um zu sehen, rief Gott ihn aus dem Busch und sprach: Mose, Mose!*
> (2. Mose 3,4)

Plötzlich ruft eine Stimme aus diesem Feuer: Mose, Mose! Ich hätte mich erschrocken – mitten in der Wüste vor so einer unheimlichen Erscheinung und plötzlich ruft jemand meinen Namen! Doch er bleibt ganz ruhig und tut so, als gäbe es nichts Selbstverständlicheres als so einen brennenden und sprechenden Dornbusch. Denn wir lesen weiter ganz lapidar:

> *Er antwortete: Hier bin ich. Gott sprach: Tritt nicht herzu, zieh deine Schuhe von deinen Füßen; denn der Ort, darauf du stehst, ist heiliges Land!*
> (2. Mose 3,4–5)

»Da zieht es ja einem die Schuhe aus«, sagen wir manchmal, wenn etwas völlig Irres oder Groteskes geschieht. Und dieser

Moment ist ja irgendwie grotesk. Ich weiß nicht, ob Sie schon einmal einen buddhistischen Tempel oder eine Moschee besucht haben – dort ist es üblich, dass man seine Schuhe auszieht, bevor man den »heiligen Raum« betritt. Ich finde, das ist eigentlich eine sehr schöne Geste, denn sie macht deutlich: Ich verhalte mich hier anders, ich komme hier in eine Atmosphäre, die ich nicht mit meinem Alltagsoutfit betreten möchte. Eine Geste, die Ehrfurcht signalisiert, Ehrfurcht vor dem Heiligen, vor dem, was aus einer ganz anderen Dimension zu uns spricht und handelt und uns heil machen möchte.

Unseren Kindern haben wir zu Hause beigebracht, die Schuhe auszuziehen, wenn sie das Haus betreten. Das funktioniert nur, wenn man das auch selber tut. Ansonsten gilt der alte Satz: »Erziehung nützt nichts, die Kinder machen einem ja doch alles nach!« Diese Angewohnheit ist ihnen, wie auch das Händewaschen vor dem Essen, so in Fleisch und Blut übergegangen, dass sie automatisch, wenn sie eine Privatwohnung betreten, die Schuhe ausziehen oder zumindest fragen, ob sie die Schuhe ausziehen sollen. Es ist eine Art Respekt, die man vor dem Privaten zeigt. Ich ändere meine Haltung, ich komme von der öffentlichen, verschmutzten Straße in einen privaten und gepflegten Bereich. Ich achte und wertschätze die Gastfreundschaft, die mir hier entgegengebracht wird.

Leider ist uns diese Dimension in unseren Gottesdiensten weitgehend verlorengegangen. Würde man auf den kalten Steinfußböden unserer Kirchen barfuß oder in Socken umhergehen, würde man sich womöglich eine Erkältung zuziehen. In der katholischen Kirche ist davon in der Verehrung des Altars noch ein bisschen übrig geblieben, das heißt, wenn man eine katholische Kirche betritt, verbeugt und bekreuzigt man sich vor dem Altar. Es ist so, als würde Gott zu uns sprechen: »Ändere deine Haltung, wenn du mit mir reden möchtest, wenn du mir näherkommen möchtest – bereite dich vor auf das Heilige, indem du deine Schuhe ausziehst und den Weg deiner Vergangenheit hinter dir lässt, sei bereit für die Gegenwart, einen heiligen Moment, in dem ich, Gott, zu dir sprechen möchte und dir einen ungeheuren Auftrag für die Zukunft geben werde.«

> *Und er sprach weiter: Ich bin der Gott deines Vaters, der Gott Abrahams, der Gott Isaaks und der Gott Jakobs. Und Mose verhüllte sein Angesicht; denn er fürchtete sich, Gott anzuschauen. Und der HERR sprach: Ich habe das Elend meines Volks in Ägypten gesehen und ihr Geschrei über ihre Bedränger gehört; ich habe ihre Leiden erkannt. Und ich bin herniedergefahren, dass ich sie errette aus der Ägypter Hand und sie herausführe aus diesem Lande in ein gutes und weites Land, in ein Land, darin Milch und Honig fließt, in das Gebiet der Kanaaniter, Hetiter, Amoriter, Perisiter, Hiwiter und Jebusiter. Weil denn nun das Geschrei der Israeliten vor mich gekommen ist und ich dazu ihre Not gesehen habe, wie die Ägypter sie bedrängen, so geh nun hin, ich will dich zum Pharao senden, damit du mein Volk, die Israeliten, aus Ägypten führst.*
>
> (2. Mose 3,6–10)

Was für ein großes Ohr, das über den Lärm der Mächtigen, Lauten und Reichen das Wehklagen der Fronarbeiter und Sklaven stellt und hört. In dieser Erzählung stellt Gott sich zum ersten Mal in der Bibel persönlich vor und er tut es als einer, der Unerhörtes wahrnimmt und sich zu eigen macht! Unerhört deshalb, weil in der damaligen Gesellschaft niemand über Sklaven nachdachte. Sie waren einfach da, sie gehörten dazu, sie waren Eigentum, mit denen konnte man machen, was man wollte. Über deren Probleme und Sorgen dachte man nicht nach, man übersah und überhörte sie geflissentlich, denn sie waren Wirtschaftsmaterial, Maschinen, die man entsorgte, wenn sie nicht mehr funktionierten. Und nun stellt sich der allmächtige Gott vor als einer, der nichts Besseres zu tun hat, als ausgerechnet deren Stimme, deren Wehklagen zu hören. Wie groß muss das Ohr und das Herz dieses Gottes sein, dass er nicht nur hört, sondern von Anfang an die Bedrängten und Versklavten befreien und retten möchte. Die Geschichte der Bibel ist von Anfang an eine Rettungsgeschichte. Wer rettet, ist großzügig.

Mose sprach zu Gott: »Wer bin ich, dass ich zum Pharao gehe und die Israeliten aus Ägypten führe?« Er sprach: »Ich will mit dir sein. Und das soll dir das Zeichen sein, dass ich dich gesandt habe: Wenn du mein Volk aus Ägypten geführt hast, werdet ihr Gott opfern auf diesem Berg.« Mose sprach zu Gott: Siehe, wenn ich zu den Israeliten komme und spreche zu ihnen: Der Gott eurer Väter hat mich zu euch gesandt! und sie mich fragen werden: Wie ist sein Name?, was soll ich ihnen sagen? Gott sprach zu Mose: Ich werde sein, der ich sein werde. Und sprach: So sollst du zu den Israeliten sagen: »Ich werde sein«, der hat mich gesandt.

(2. Mose 3,11–14)

Und nun wird dem Mose in dieser Erzählung eine ungeheure Vision vor Augen gemalt. Einem kleinen Häuflein von Sklaven, von heimatlosen Familien, deren Welt aus Peitschenhieben der Aufseher, Unterdrückung und Ausbeutung durch die Ägypter bestand, wird auf einmal ein Land verheißen, in dem »Milch und Honig fließt«. »Wenn du Großes erreichen möchtest, musst du groß denken«, hat jemand mal gesagt und es stimmt. Wenn ich mich immer nur in meinem eigenen, kleinen und engen Horizont bewege und denke, dann werde ich nie auf die Idee kommen, einen »großen Zug« zu wagen. Und genau darum geht es in dieser wunderbaren Erzählung vom Exodus: um einen Auszug – raus aus der Enge hinein in die Weite.

Wer groß denkt, muss mit dem Widerstand der Kleinkarierten, der Ängstlichen und der Mächtigen rechnen, vor allem dann, wenn die Mächtigen wittern, dass sie an Macht verlieren könnten. Der Widerstand beginnt ja schon gleich bei Mose selbst. Jahwe weiß das und deshalb muss Mose auch erst einmal seine Haltung verändern. Er muss seine Schuhe ausziehen, er soll von Anfang an merken: Hier passiert etwas ganz Besonderes und alles, was du jetzt hörst oder erlebst, hat mit dem, was du kennst, hat mit deinem bisherigen Horizont nichts, aber auch gar nichts zu tun. Und doch, wer groß denkt, muss mit Widerstand rechnen:

> *So geh nun hin, ich will dich zum Pharao senden, damit du mein Volk, die Israeliten, aus Ägypten führst. Mose sprach zu Gott: Wer bin ich, dass ich zum Pharao gehe und führe die Israeliten aus Ägypten?*
>
> (2. Mose 3,10–11)

Nachdem ihm die ungeheure Vision vor Augen gestellt wurde, kann sich Mose nicht so recht dafür begeistern. Er kann es sich einfach nicht vorstellen. Es ist zu groß gedacht und deshalb antwortet er: »Wer bin ich, dass ich zum Pharao gehe? Ich bin doch ein Niemand. Das heißt, nicht so ganz; da gibt es noch eine alte Akte über mich, also ich glaube, das ist gar keine gute Idee.« Mose sträubt sich in einem Dreierschritt, so massiv ist gleich der erste Widerstand: »Sie werden mir nicht glauben, sie werden diese Vision für unmöglich und viel zu groß gedacht halten, und sie werden auch nicht glauben, dass du, Gott, mich beauftragt hast!« Versuchen Sie mal, Ihr Umfeld für einen großen Zug zu gewinnen. Sie werden schnell feststellen, dass es jede Menge Bedenkenträger gibt, die sich lautstark zu Wort melden und die in der Lage sind, Ihnen akribisch vorzurechnen, warum das, was Sie planen, gar nicht funktionieren kann. Das war ein Grund, warum wir mit einigen Freunden zu Beginn meiner Tätigkeit als »musisch-kulturell beauftragter Pfarrer« einen Förderverein gegründet haben. Ich brauchte einen Kreis von Menschen um mich herum, die bereit waren, größer zu denken, die sich nach einer Vision von lebendiger Kirche sehnten und die bereit waren, auf große Ziele zuzugehen. Als Vikar, als Pfarrer in der Ausbildung, habe ich einfach mit einem Kreis von Jugendlichen und jungen Erwachsenen über den bisherigen Horizont hinausgedacht. Widerstände gab es genug, vor allem die üblichen Argumente: »Ja, wer macht das denn dann weiter, wenn Sie mal nicht mehr da sind?« oder »Und wenn es ein Defizit gibt, wer trägt das dann?« Ganz abgesehen von dem meist nur gedachten Dreiersatz: »Da könnte ja jeder kommen! Das haben wir noch nie so gemacht! Und: Das war schon immer so und das bleibt auch so!« Von diesen blutleeren, oft auch gut gemeinten Ratschlägen haben wir uns nicht irritieren lassen und für mehrere Jahre eine florierende Jugendgottesdienst- und Konzertarbeit auf die Beine gestellt.

In diesem Fall ist es Gott selbst, der naturgemäß groß denkt und nun auf den kleinkarierten Widerstand des Mose stößt. Der wiederum weist in einem dritten Schritt auf seine Sprachprobleme hin. Aber selbst als Jahwe alle Bedenken aus dem Weg geräumt hat, sagt er frech: »Sende, wen du senden willst (und lass mich bitte in Ruhe)!« Auch das können Sie erleben, wenn Sie versuchen, groß zu denken: Sie können eine wunderbare Präsentation vorbereiten, Sie können alle Bedenken entkräften und alle offenen Fragen beantworten und trotzdem am Ende eine ablehnende Reaktion bekommen, schlicht und ergreifend deshalb, weil Ihr Gegenüber keine Lust hat, groß zu denken, keine Lust auf Aufbruch und Veränderung. Dabei würde es vielen Gemeinden und Vereinen guttun, es würde sie beleben, wenn sie es wagen würden, groß zu denken! Aber dazu muss ich ein Ziel vor Augen haben und es auch formulieren. In meiner Ausbildung zum Kommunikationswirt haben wir eigentlich nichts anderes gemacht, als das Sechsphasenmodell zu verinnerlichen und zu üben (ausführlich beschrieben in meinem Buch »Da, wo ich bin, da will ich sein«, Kreuz Verlag). Ein Satz hat sich mir dabei besonders eingeprägt: »Hannibal wollte nicht ›mal was mit Elefanten machen‹, sondern nach Rom!«, oder auf die Exodus-Erzählung gemünzt: »Mose wollte kein Picknick in der Wüste, sondern nach Kanaan!« Ich erlebe durchaus Gemeinden, die »mal was los machen« wollen, die aber keine langfristige und nachhaltige Idee haben. Wenn wir uns keine Ziele setzen, wenn wir keinerlei Vision haben, dann wird sich auch nichts verändern und wir bleiben »Gefangene im Status quo«.

Ganz einfache Frage: Wo will ich in drei Jahren mit meinem Beruf, mit meiner Ehe, in meiner Gemeinde stehen? Die Geschichte vom Auszug aus Ägypten ist eine Geschichte von einem »großen Zug« und eine Geschichte von vielen Widerständen und Rückschlägen, mit denen man rechnen muss, wenn man es denn wagt. Aber das Ende zeigt: Es lohnt sich! Am Ende steht der Einzug in die Weite, in die Heimat, in das »gelobte Land«.

Die Psalmen sind Lieder, Gebete und Hymnen und in ihnen erfahren wir viel über die Großzügigkeit Gottes: »Du stellst meine Füße auf weiten Raum«, lesen wir da und erahnen, dass etwas falsch läuft, wenn der Glaube unser Herz eng macht, wenn unser Leben nicht aus der Freiheit atmet, sondern ängstlich darauf bedacht ist, nur nichts falsch zu machen. Wenn wir diese wunderbaren alten Texte dann noch einmal vom Neuen Testament her bedenken, merken wir, dass der weite Raum auch ganz viel mit der Art und Weise zu tun hat, wie Jesus von Nazareth gelebt hat – er hat den weiten Raum gesucht, immer wieder: die Wüste. Die Wüste ist ja ein schier unendlich weiter Raum – und in diesem weiten Raum der Wüste hat das Volk Israel seine Urerfahrung der Erwählung und Errettung durch Jahwe gemacht: »Der Gott unserer Väter, der uns aus Ägyptenland geführt hat!« Manchem war der Raum zu weit, manchem war der Aufbruch zu improvisiert. Mit Großzügigkeit muss man auch umgehen können. Manch einer hätte vielleicht gerne einen engeren Raum und ein Geländer, an dem er sich festhalten kann oder einen Steg, der einen vorgegebenen Weg weist. Aber genau in diesem weiten Raum begegnet Gott seinem auserwählten Volk und dieses Volk ist abhängig von ihm, von seiner Gegenwart, von seinen Zeichen der Treue: die Wolke am Tag und die Feuersäule bei Nacht.

Und doch – auch das gehört zu uns Menschen, vielleicht auch ganz speziell zu uns Deutschen – murren und klagen wir immer wieder und beschweren uns, wenn es nicht ganz so läuft, wie wir uns das wünschen oder vorgestellt haben. In einer solchen Situation, als das Volk sich mal wieder beschwert, dass es nichts zu essen und nichts zu trinken hat, lässt Gott Manna und Wachteln vom Himmel fallen und gibt die Anweisung, nur so viel zu verwenden, wie man täglich braucht. Doch wie der Mensch nun einmal ist, missachten einige die Anweisung und horten die Nahrungsmittel. Es nützt nichts, denn am nächsten Tag sind die angesammelten Speisevorräte schlecht und voller Würmer. »Nimm nur, so viel du brauchst und vertraue darauf, dass du nicht zu kurz kommst!« ist die Botschaft dieser Erzählung.

Von dieser Erfahrung, dass es reicht, dass Gott die Seinen so großzügig versorgt, dass sie sich keine Sorgen machen müssen, von dieser Erfahrung erzählt auch der wohl bekannteste Psalm, der Psalm 23. Da heißt es in der unnachahmlichen Lutherübersetzung: »Der Herr ist mein Hirte, mir wird nichts mangeln. Er weidet mich auf einer grünen Aue und er führt mich zum frischen Wasser. Er erquicket meine Seele.« Das klingt ja fast wie ein »Rundum-Wellnessprogramm«, was hier beschrieben wird. Und doch oder gerade deshalb muss man es sich immer wieder bewusst machen und sagen lassen: »Mach dir nicht zu viele Sorgen: Dir wird nichts mangeln, dir wird nichts fehlen, vertraue darauf!« Das fällt mir mitunter nicht leicht.

Es lohnt sich, die Psalmen zu durchforsten und eigentlich ständig der Großzügigkeit auf der Spur zu sein, deshalb möchte ich an dieser Stelle noch einen Vers zitieren, nämlich aus Psalm 18, wo es heißt: »Mit meinem Gott kann ich über Mauern springen!« Was für ein Selbst- oder besser gesagt Glaubensbewusstsein pulsiert uns hier entgegen! Als Kind und als Jugendlicher bin ich im unterfränkischen Bad Königshofen aufgewachsen, das war damals Zonenrandgebiet und »die Mauer« (beziehungsweise bei uns »der Zaun« und der »Todesstreifen«) versperrten den Weg in den Osten. Ende der 1970er, Anfang der 1980er Jahre hätte doch niemand von uns gewagt, so groß und so weit zu denken, dass diese Mauer bereits Ende der 1980er Jahre fallen würde, dass Menschen unter anderem beseelt durch die Kraft des Glaubens es tatsächlich schaffen würden, auf und über die Mauer zu springen. Weil Menschen bereit waren, sich von dem Esprit dieses Psalms anstecken zu lassen, kam es zur »Revolution der Kerzen«. Auf dem Kirchentag 2013 mit dem schönen Thema »Soviel Du brauchst« durfte ich gemeinsam mit dem Karikaturisten Tiki Küstenmacher und dem ehemaligen Pfarrer der Nikolaikirche Christian Führer einen gemeinsamen Abend zu dem Thema »Mehr braucht es nicht« gestalten. Es war sehr eindrücklich, wie uns Pfarrer Führer mit hineinnahm in diese aufregende und spannende Zeit im Herbst 1989, als sich aus den Montagsgebeten die »Montagsdemonstrationen« entwickelten, die schließlich zur »Revolution der Kerzen« führten und die mit dem Fall der Mauer endeten. Solche Power kann nur entfalten, wer sich anstiften lässt, groß zu denken und wer darauf vertraut, dass man mit seinem Gott tatsächlich über Mauern springen kann. Dabei sind natürlich auch und vor allem die Mauern, Gräben und Grenzen, die wir uns in unseren Köpfen aufgebaut haben, gemeint. Wie sehen die Mauern der Vorurteile aus, die ich gegenüber Andersdenkenden aufgebaut habe? Welche Mauern trennen mich von anderen Kulturen und anderen Religionen? Welche Mauern haben sich im Laufe unserer Ehe angehäuft? Und auch hier tut sich wiederum ein weites Übungsfeld auf, groß zu denken, den weiten Raum ins Spiel zu bringen und darauf zu vertrauen, dass ich nicht zu kurz komme. Wenn ich sage: »ins Spiel bringen«, dann meine ich das auch so. Es hat etwas Leichtes, Spielerisches, dieses »Über-die-Mauer-Springen«. Das kann man regelrecht üben und dabei gleichzeitig die erwähnten Psalmenverse meditieren.

Großzügigkeit kann man lernen 2

Weil er einen Akku im Büro aufgeladen und so einen »Schaden« von 1,8 Cent verursacht hatte, sollte einem langjährigen Arbeitnehmer gekündigt werden, ebenso einer Krankenschwester, weil sie ein paar Maultaschen vor dem Abfall rettete und diese mit nach Hause nahm. Gekündigt wurde auch einer Verkäuferin, weil sie einen Pfandbon einlöste, den ihr ein Kunde geschenkt hatte. Immer wieder hören und lesen wir von kuriosen Arbeitsrechtsprozessen, bei denen der normale Mensch den Kopf schüttelt und sich fragen muss: »Was muss das für ein schreckliches Arbeitsklima sein, in dem solche Bagatellen derart kleinlich geahndet werden?«

Scheinbar ist uns in vielen Bereichen die Normalität verloren gegangen. Wenn ein Arbeitnehmer seinen Akku im Büro auflädt – na und? Schließlich erwarten ja viele Arbeitgeber auch, dass ihre Angestellten »zur Not« auch in ihrer Freizeit erreichbar sein sollen und das geht nun mal nur über das Handy! Außerdem: Wer vergütet eigentlich die Sekunden, Minuten und Stunden, in denen sich ein Arbeitnehmer Gedanken und vielleicht auch Sorgen um seinen Arbeitsplatz macht? Es tut einer Firma nicht gut, wenn ein Klima der Angst und der Kleinkariertheit herrscht. Viele Firmen, die in den letzten Jahren das Handtuch warfen, waren geprägt von solch einem Klima der seelischen und materiellen Ausbeutung. Der Niedergang des Drogerie-Discounters Schlecker ist da nur ein Beispiel von vielen.

Längst zählt die Frage nach dem Betriebsklima einer Firma zu den wichtigsten Grundanforderungen, die ein qualifizierter Arbeitnehmer an einen zukünftigen Arbeitgeber stellt, bevor er sich bewirbt. Die Art und Weise, wie man miteinander umgeht, ist sowohl für die Arbeitnehmer wie auch für die Arbeitgeber viel stärker ins Blickfeld gerückt. Der langfristige Erfolg einer Firma hängt, vor allem in Krisenzeiten, ganz stark von diesem Betriebsklima ab. Wenn ständig Zoff und schlechte Laune in der Luft liegen, hat das unmittelbare Auswirkungen auf die Motivation der Arbeitnehmer. Ein Klima, das krank macht, erzeugt auch verstärkt Krankmeldungen und darunter leidet wiederum die Produktion. Begriffe wie »Mobbing« und »Burn-out« sind Defizitanzeigen einer aktuellen Unternehmens(un)kultur, die nicht auf das Klima und das Wohl ihrer Mitarbeiter achtet. Das Management solcher Betriebe ist schlicht und ergreifend schlecht beraten und der Fisch stinkt bekanntlich vom Kopfe her.

Es gibt viele Beispiele dafür, dass es anders sehr viel besser gehen kann. Es gibt Firmen, die haben durch Mitspracherecht und regelmäßige Meetings mit ihren Mitarbeitern ein Klima der Freiheit entwickelt, innerhalb dessen sich der oder die Einzelne wirklich einbringen und entfalten kann. »Das Arbeitsklima ist das einzige Klima, das man selbst bestimmen kann«, sagt ein Sprichwort. Und in diesem Sprichwort steckt auch schon ein wichtiger Schlüssel zu einem guten Betriebsklima: »bestimmen« oder besser gesagt »mitbestimmen«.

Ein überaus engagierter und fröhlicher Arbeitnehmer hatte auf einmal keine Lust mehr, zur Arbeit zu gehen, er kam morgens nur schlecht raus, hatte oft Kopfschmerzen und die Krankmeldungen nahmen zu. Was war passiert? Er hatte einen neuen Vorgesetzten bekommen, der sein Mitbestimmungsrecht und seine Möglichkeiten, eigenverantwortlich zu arbeiten, drastisch beschnitt. Er wurde bei wichtigen Entscheidungsprozessen nicht mehr hinzugezogen und einer wesentlich jüngeren und attraktiven Mitarbeiterin wurde ein Großteil seiner Aufgaben übertragen. Dies alles war ein schleichender Prozess und wurde nicht offen kommuniziert.

Im Rahmen meiner Ausbildung zum Kommunikationswirt habe ich vor allem eines gelernt: wie wichtig die interne Kommunikation eines Betriebes für das Betriebsklima ist. Wenn die interne Kommunikation nicht stimmt, geraten viele Abläufe ins Stocken, wird das Betriebsklima schlechter und die Produktivität stagniert (im besten Fall). »Wenn es von selber läuft, geht es bergab«, sagt man. Die interne Kommunikation und das Betriebsklima einer Firma sind äußerst sensible Konstrukte, die man immer im Auge behalten und wirklich pflegen muss.

Bei dieser Pflege spielt die Wertschätzung eine besondere Rolle. Es gibt so viele Möglichkeiten, auf andere zuzugehen und ihnen Signale der Wertschätzung zukommen zu lassen. Drei Beispiele aus meinem eigenen Arbeitsbereich: Ich bin mit einer halben Stelle Pfarrer für Mission & Ökumene in einem Evangelischen Dekanat. Für jedes Jahr müssen wir einen etwa vierseitigen Jahresbericht verfassen und abgeben. In jedem dieser Jahresberichte war es mir wichtig, die Arbeit meiner Kolleginnen und Kollegen lobend zu erwähnen und wertzuschätzen (auch wenn diese den Bericht vielleicht gar nicht zu Gesicht bekamen) und auf das gute Betriebsklima hinzuweisen.

Mit der »anderen Hälfte« bin ich freischaffender Liedermacher und Buchautor. Ich habe eine äußerst engagierte Freundin und Mitarbeiterin, die meine jährlich etwa 100 Konzerttermine plant und koordiniert. Da geht es manchmal heiß her und nicht immer gelingt die freundlich zugewandte Kommunikation, wie ich es mir eigentlich wünsche. Aber: Ein Strauß Blumen, der so alle zwei Monate mal ins Haus gebracht wird, sagt mehr als tausend Worte und ist farbenprächtig wertschätzend.

Im Rahmen meines kirchlichen Engagements verantworte ich eine ganze Reihe von Veranstaltungen und Seminaren, bei denen viele Menschen auf Honorarbasis und ehrenamtlich mitarbeiten und mithelfen. Diese lieben Menschen versammle ich einmal im Jahr (meist im Dezember) und lade sie in ein schönes Lokal zu unserer »Jahresabschlussfeier« ein. Rund 30 Personen kommen da zusammen und halten dankbar Rückblick auf ein weiteres erfolgreiches Jahr. Ein gutes Essen, lockere Kommunikation, die Anwesenheit des einen oder anderen Musikers, ein kleines Geschenk und eine kurze, aber den Einzelnen wertschätzende Ansprache halten nun schon seit über 20 Jahren ein äußerst schlagkräftiges Team zusammen.

Sprichwörter können uns helfen und daran erinnern, die Großzügigkeit in unserem Alltag nicht aus den Augen zu verlieren. So könnte man sich für jede Woche ein Sprichwort gewissermaßen als Trainer aussuchen und sich immer wieder selbst sagen, am besten heften Sie sich jeweils den »Vorsatz der Woche« als Merkzettel an Ihren Badspiegel, an die Tür Ihres Kühlschranks und den Monitor Ihres PCs (Sie können ja einfach die Webcam zukleben, das ist sowieso besser). Ich denke an Sätze wie: »Einmal fünf gerade sein lassen«, »Leben und leben lassen«, »Ein Auge zudrücken«, »Im Zweifelsfall großzügig«, »Da, wo ich bin, da will ich sein«, »Hör auf mit der Erbsenzählerei«, »Sei nicht so kleinkariert«, »Der Klügere gibt nach« und Ähnliches, wobei man bei letzterem natürlich vorsichtig sein muss. Wenn immer nur die Klügeren nachgeben, wird diese Welt irgendwann von den Dümmeren bestimmt.

Das wohl bekannteste Lied meines Musikerfreundes und geschätzten Kollegen Peter Horton basiert ebenfalls auf einem »Großzügigkeitsmantra«:

Lass das Haar mal in der Suppe

Lass das Haar mal in der Suppe,
lass das Runzeln deiner Stirn,
such nicht ewig nur die Fehler,
stell das Herz über's Hirn.
Lass das Haar mal in der Suppe,
iss ganz einfach drum herum.
Du wirst sehen, die Methode
ist zwar neu, doch nicht so dumm.

Jedes Ding hat zwei Seiten
und der Mensch sieht gern schwarz-weiß
und Kritik ist sicher gut,
aber nicht um jeden Preis.
Man nörgelt hin und quengelt her,
»verdammt noch mal« und »überhaupt«,
mancher findet ewig Haare
und hat doch ein kahles Haupt.

Lass das Haar mal in der Suppe,
die dein Nachbar grad verzehrt,
vielleicht ist er ganz wild auf Haare,
vielleicht sind wir »geschmacksverkehrt«.
Lass das Haar mal in der Suppe,
vielleicht fühlt es sich da wohl.
Die Welt gibt Blumen für die Schönheit
und für den Hunger Blumenkohl.

»Wo viel Licht ist, ist viel Schatten«,
das ist auch ein Götz-Zitat,
doch zumeist hat man das andere,
das berühmtere parat.
Ja, ich weiß, es gibt Suppen,
darin schwimmen wahre Mähnen,

doch wer alle Haare sucht,
hat sie nachher auf den Zähnen.

Lass das Haar mal in der Suppe
und bedenke mal in Kürze,
es gibt Suppen, deren Haare
sind deren einzig wahre Würze.
Lass das Haar mal in der Suppe
und fass es mit Liebe an,
denn vielleicht ist es dein Bart
und du selbst hängst hinten dran.

Text: Peter Horton

Großzügigkeit ist ein Synonym für »Intelligenz des Herzens«, sie ist elementare Offenheit gegenüber dem Du der Welt, das durchaus auch mal stilvoll »Ich« heißen darf und sollte. Großzügigkeit ist der tiefe Atem von Liebe, Natur und Leben.

(Peter Horton, Sänger, Gitarrist und Autor)

Als ich noch ein Kind war, haben wir eine Zeit lang in dem US-Staat Minnesota gelebt. Dort lernten wir als Familie das sogenannte »Potluck« kennen und schätzen. Es ist eine Art, ein Fest zu feiern, wie sie die weißen Siedler von den einheimischen Ojibwa-Indianern übernommen haben. Man kommt zusammen und jeder bringt etwas zum Essen und zum Trinken mit. Das bedeutet: Jede und jeder ist Gastgeber und Gast gleichzeitig. Je großzügiger die Teilnehmenden sind, desto schöner und reicher wird das Fest. Hier kommt dann jener Satz zum Tragen, den man sinngemäß in allen Religionen und Weltanschauungen finden kann: »Behandle dein Gegenüber stets so, wie du auch selbst behandelt werden möchtest« oder etwas simpler: »Was du nicht willst, das man dir tu, das füg' auch keinem andern zu!«

Das Navigationssystem

Ein Navigationsgerät zählt mittlerweile fast schon zur Standardausrüstung eines jeden Pkw. Ich gebe zu, ich liebe diese Geräte. Gerade als ein professionell Reisender und als einer, der Jahr für Jahr zwischen 40 000 und 50 000 Kilometer »klopft« und dabei ständig irgendwelche fremden Ziele anfährt, mag ich auf diese kleinen Wunderwerke nicht mehr verzichten. Vorbei sind die Zeiten, in denen man ständig nach dem Weg fragen musste, weil die Straßenkarte nicht auf dem neuesten Stand oder die Wegbeschreibung des Veranstalters zu ungenau war, vorbei sind die Zeiten, in denen man nachts nicht mehr zurück zum Hotel fand, weil man sich den Weg nicht richtig gemerkt hatte, und vorbei sind die Zeiten, in denen man sich erst einmal orientieren musste, wie man eigentlich jetzt wieder nach Hause kommt, bevor man endlich losfuhr. Heute drücke ich einfach auf »Heim« und schon lotst mich die vertraute Stimme auf den »rechten Weg«, schon bin ich fast ein Stück zu Hause, auch wenn ich noch fünf Stunden Fahrt vor mir habe.

Aber vorbei sind auch die Zeiten, in denen man mit seinem Ehepartner oder seiner Ehepartnerin so richtig in Streit geraten konnte, weil er oder sie die Karten falsch gelesen oder interpretiert hatte. Vielen Paaren ist durch die Erfindung und die Einführung der Navis echtes Streitpotenzial verloren gegangen. Im Gegensatz zu einer kartenlesenden Ehefrau ist ein Navi großzügig und unglaublich geduldig und es stellt keine Nachfragen, die die Chancen auf einen möglichen Konflikt erhöhen. Während die Partnerin mit rotem Kopf und genervtem Unterton schon mal nachfragt: »Ich habe doch gesagt: ›rechts abbiegen‹, warum bist du denn einfach weiter geradeaus gefahren?«, bleibt die Stimme der Dame aus dem Navigationsgerät gleichbleibend sachlich, übersieht Fahrfehler großzügig und wiederholt mit einer stoischen Geduld: »Wenn möglich, bitte wenden«. Auch brüllt ein Navi nicht plötzlich: »Jetzt rechts!«, sondern es bereitet in der Regel die jeweils auszuführenden Aktionen vor, mit Ansagen wie: »Demnächst links einordnen« oder »Im Kreisverkehr an der dritten Ausfahrt bitte abfahren«. Allerdings ist es ratsam, solch einem Gerät nicht blind zu vertrauen, denn auch das »Kartenmaterial« eines Navis kann veraltet sein und manches noch so stoisch wiederholte »Wenn möglich, bitte wenden« kann schlicht und ergreifend damit zusammenhängen, dass es eine neue Straße oder Wegführung noch nicht »auf dem Schirm« hat. Spätestens wenn bei einem wunderbar ausgebauten neuen Autobahnabschnitt das Display »offroad« signalisiert, wissen Sie, dass es höchste Zeit ist, Ihren elektronischen Wegbereiter via Internet zu aktualisieren.

Doch zurück zu unserem Thema: Von diesen elektronischen Pfadfindern kann man die Tugenden Geduld und Großzügigkeit lernen. Die Stimmung, die Gestimmtheit, die Klangfarbe der Stimme meines unsichtbaren Mitreisenden ist einfach gleichbleibend sachlich – niemals genervt: »Musst du eigentlich immer so schleichen, jetzt fahr doch mal zügiger, sonst kommen wir ja nie an!«, gereizt oder gar sarkastisch: »Na, toll jetzt können wir die letzten 20 Kilometer wieder zurückfahren!« Sie beurteilt nicht meinen Fahrstil oder meine vielleicht vorhandene Begriffsstutzigkeit – nein, sie versucht aus der jeweiligen Situation, so »verfahren« sie auch sein mag, das Beste zu machen. Sie ist nicht nachtragend und man kann sie jederzeit auch ausschalten, ohne dass sie einem böse wäre. Wie gesagt – ich liebe diese Navigationsgeräte, auch wenn es vielleicht ein Verlust sein mag, dass durch deren Einführung vielen Paaren ein ungeheuer explosives Trainingsfeld in Sachen Streitkultur verlorenen gegangen ist.

Wo begegnet mir sonst noch Großzügigkeit in meinem Alltag?

Wenn ich in einem Hotel
kostenlos das WLAN benutzen darf,
wenn ich nur wenig einkaufe
und mich jemand an der Kasse vorlässt,
wenn wir essen gehen
und du lädst mich ein,
wenn du dir Zeit nimmst,
obwohl du im Stress bist,
wenn du mich schlafen lässt,
obwohl du genauso müde bist,
wenn es bei einem leckeren Essen
noch einen Nachschlag gibt,
wenn du eine gute Flasche Wein öffnest,
und die angebrochene später alleine trinkst,
wenn du mir einen Parkplatz zuweist
und selber weitersuchst.
Wenn du nicht immer gleich
alles in Rechnung stellst.
Wenn du einen Streit von gestern
nicht heute nochmal aufwärmst,
wenn du mich gewinnen lässt,
ohne dass ich es merke,
wenn du ein Fest gibst
und alle eingeladen sind,
wenn wir im Urlaub nicht ständig
auf das Geld schauen.

Wenn du mir Blumen schenkst
ganz einfach nur mal so,
wenn ich bei der Kollekte
einen großen Schein gebe,
wenn ich an der Kasse
anderen den Vortritt lasse,
wenn ich bei einem Anhalter
anhalte und ihn mitnehme,
wenn ich dem Bettler
einen Zehn-Euro-Schein gebe.

Das Geschenk

Es schellte an der Tür. Missmutig schob ich meinen Schreibtischsessel zurück und schlurfte zur Tür. Mit einem »Ich-mag-es-nicht-wenn-man-mich-stört-Gesicht« öffnete ich die Haustür und blickte in die aufgeweckten Augen eines etwas schäbig gekleideten älteren Herrn. »Keine Angst, ich will Ihnen nichts verkaufen«, begrüßte mich der Alte lächelnd, »mein Name ist Nimmzeit, und ich möchte Ihnen etwas schenken.«

»Aha«, dachte ich bei mir und stellte mich vorsichtshalber noch etwas breiter in die Tür. »Sie wollen mir etwas schenken, da bin ich aber mal gespannt! Schießen Sie los, worum handelt es sich?« Herr Nimmzeit hatte seinen Hut abgenommen und schien nun seltsam in die Ferne zu blicken. Es war, als hätten seine Pupillen durch mich und alle Wände meines Hauses hindurch etwas ganz anderes im Auge.

»Das, was ich Ihnen schenken möchte, brauchen Sie dringend. Sie haben zwar schon oft versucht, es zu kaufen, aber sie haben es niemals bekommen. Und heute komme ich zu Ihnen, um Ihnen das, wonach Sie sich so sehr sehnen, zu schenken.« Während seine Worte leise verklangen, funkelten mich seine kleinen Augen herausfordernd an, und über seinen Mund glitt ein kaum sichtbares Lächeln.

»Nun halten Sie mal keine großen Reden, kommen Sie zum Kern der Sache. Ich habe zu tun. Zeit ist schließlich Geld und somit teuer.« Ich hoffte, mit diesen Worten unsere Begegnung zu einem raschen Ende zu bringen, obwohl ich ehrlicherweise zugeben muss, dass ich gar nicht so dringend beschäftigt war. Doch solche merkwürdigen Gespräche sind mir immer unangenehm. Es gibt ja Menschen, die können Bände füllen mit ihren Ausschweifungen, ohne jemals wirklich etwas zu sagen, geschweige denn irgendwann einmal auf den Punkt zu kommen. Der ältere Herr nickte unmerklich: »Genau deshalb bin ich hier!«, antwortete er mit einem fast feierlichen Unterton.

Jetzt wurde es mir aber doch zu bunt: »Weshalb sind Sie jetzt hier? Weil ich zu tun habe oder weil Zeit Geld ist? Oder weil Sie nicht so viel reden wollen? Ach … Sind Sie vielleicht ein Geldbote vom Finanzamt? Natürlich, dass ich nicht gleich darauf gekommen bin! Kommen Sie doch herein. Die letzten Steuerabzüge kamen mir sofort etwas zu hoch vor. Ich zahle ja gerne meinen Teil, aber was zu viel ist, ist zu viel. Darf ich Ihnen etwas zu trinken anbieten?« In einem Schwall von Worten und unter wildem Gestikulieren komplimentierte ich den Mann in unser Wohnzimmer und dort auf das Sofa, wo er nun ruhig und gelassen saß.

»Ja, ich trinke gern ein Glas Mineralwasser, wenn Sie so freundlich sind, aber vom Finanzamt komme ich nicht. Ich sagte ja auch nicht ›zurückerstatten‹, sondern ›schenken‹. Sie bekommen etwas geschenkt.« Die Enttäuschung muss mir im Gesicht gestanden haben, denn Herr Nimmzeit rutschte mit einem entschuldigenden Gesichtsausdruck noch etwas tiefer in das weiche Polster der Wohnzimmergarnitur. »Ich bin gekommen, um Ihnen etwas zu schenken, oder besser gesagt: Ich möchte Sie auf ein Geschenk aufmerksam machen!«

Nun wurde ich allmählich wirklich wütend. Da hatte sich dieser Alte unter Vorspiegelung falscher Tatsachen in unsere Wohnung führen lassen, besaß ganz nebenbei die Dreistigkeit, von mir etwas zu trinken zu verlangen, und nun wollte er mich lediglich auf ein Geschenk aufmerksam machen. Die ganze Sache war doch eindeutig faul, oberfaul sogar. Man kennt ja solche Typen: Erst erzählen sie einem lange und umständlich was von »Geschenk« und »Alles gratis« und »Sie sind der Glückliche« und all dieses Zeug, und zum Schluss hat man dann, ehe man sich versieht, zwei Zeitschriftenabonnements und einen Staubsauger gekauft.

»Also, was ist das nun für ein Geschenk, von dem Sie da dauernd faseln?«, fuhr ich ihn giftig an. Im selben Augenblick tat es mir schon wieder leid, denn die eben noch lebendigen Augen des alten Mannes schauten mich plötzlich traurig und müde an. Fast flüsternd sagte er: »Das Geschenk, auf das ich Sie aufmerksam machen wollte, ist die Zeit. Ich habe Ihnen Zeit geschenkt, aber Sie haben sie sich eigentlich nie wirklich genommen. Sie sind zu beschäftigt.«

Jetzt war es mir wirklich egal, wie traurig der alte Mann auch aussah, und ich erwiderte mit lautem und bestimmtem Unterton in der Stimme: »Sie wollen mir Zeit schenken, dass ich nicht lache! Zeit gestohlen haben Sie mir. Dauernd vergeuden Sie meine Zeit. Ich pfeife auf Ihr Geschenk!«

Herr Nimmzeit saß nun wieder aufrecht auf der vorderen Sitzfläche des Sofas, stützte sich mit den Armen auf die Knie und schaute mich ernst an: »Darin liegt das eigentliche Problem! Dass Sie glauben, Zeit zu besitzen und jederzeit über Zeit verfügen zu können. Sie wissen noch gar nicht, dass die Zeit ein Geschenk ist, sonst würden Sie anders über diese wundervolle Gabe, die ich Ihnen gebracht habe, reden. Jede Sekunde, jede Minute, jede Stunde, jeder Tag, jede Woche, jeder Monat und jedes Jahr ist ein Geschenk. Doch die Menschen haben all das vergessen. Für sie ist die Zeit wie eine Autobahn, die sie einfach gedankenlos benutzen und abfahren. Wie sehr sie dabei das Eigentliche übersehen, merken sie gar nicht. Gibt es wirklich einmal Straßenschäden, dann vertrauen alle darauf, dass die Macken schon wieder repariert werden. Glauben Sie wirklich, Sie seien im Besitz Ihrer

Zeit? Sie sind nicht im Besitz Ihrer Zeit, sonst hätten Sie ja viel mehr davon. Sie besitzen eigentlich überhaupt keine Zeit, nicht mal ein kleines bisschen, und deshalb kann Ihnen auch niemand Zeit stehlen. Sie haben ja gar keine!«

Während der alte Mann mit den nun wieder leuchtenden Augen sprach, war ich ins Nachdenken gekommen. Irgendwie hatte er Recht. Es war schon seltsam mit der Zeit. Da hatte man eigentlich den ganzen Tag zur Verfügung, 24 lange Stunden, und wenn man einmal Zeit brauchte, war nie welche da. Immer gab es Termindruck, immer war irgendwo irgendetwas zu tun, zu verabreden, ja selbst die Freizeitgestaltung war streng durchgeplant. Und das letzte bisschen »freie Zeit« entwich in den sogenannten Entspannungsmomenten, die ich vor dem Fernseher verbrachte, wie im Flug. Ja, der Mann hatte Recht, eigentlich hatte ich nie Zeit. In Wirklichkeit verfügte ich ziemlich gedankenlos über meine Lebensgestaltung.

Ich war derart in Gedanken versunken, dass ich fast nicht bemerkt hätte, wie Herr Nimmzeit sich still und heimlich aus unserer Wohnung zurückzog. Ich folgte ihm über die Treppe bis an die Haustür und bat ihn, doch wieder hereinzukommen. Ich wollte gerne noch so viel mehr über dieses Geschenk erfahren. »Es ist alles gesagt«, lächelte der alte Mann, »das Weitere liegt nun an Ihnen!«

»Ja, aber … aber wie komme ich denn an dieses Geschenk heran? Wer schenkt mir denn nun die Zeit?«, rief ich ihm verzweifelt hinterher. Herr Nimmzeit drehte sich noch einmal um, schaute mich mit ernster Miene an – obwohl ich heute nicht mehr sicher bin, ob er nicht doch ein hintersinniges Lächeln in den Mundwinkeln hatte – und sagte flüsternd: »Sie ist da. Die Zeit. Sie müssen sie sich nur nehmen. Wer das Geschenk anzunehmen und zu schätzen weiß, der wird immer reicher beschenkt werden!«

Gelassenheit

Wir leben in einer Konsumgesellschaft. Bis zu 1200 Werbeimpulse strömen täglich auf uns ein, immer mit der Aufforderung: »Kauf jetzt, zögere nicht, dieses Sonderangebot gilt nur ganz kurze Zeit!« Wir sind gehetzte, atemlose Kreaturen und wir lassen uns vorantreiben. Wie eine Herde ohne eigenen Willen tanzen wir nach der Pfeife von Hirten, die uns nicht behüten, die nicht unser Wohl, sondern ihren eigenen Gewinn im Blick haben. Sie treiben uns von Weide zu Weide, von Event zu Event und wir können gar nicht genug kriegen. Sobald ein neues Smartphone auf dem Markt ist, sobald ein neues Spiel in den Regalen steht, müssen wir es haben, sofort.

Gelassenheit ist die Schwester der Großzügigkeit.

Wir haben es verlernt, zu warten, auf etwas zu sparen und die Vorfreude zu genießen. Dabei ist das Warten etwas Schönes: Auf ein Baby muss man warten – neun Monate; und das ist auch gut so. Als zukünftige Eltern brauchen wir Zeit, um uns auf das Kommende vorzubereiten. Die Adventszeit zum Beispiel möchte uns daran erinnern, dass es gut ist, zu warten und sich darauf einzustellen, dass etwas Besonderes geschieht. »Meine Seele wartet auf den Herrn«, lesen wir in den Psalmen des Alten Testaments.

Wie gut ist es, dass wir alle Jahre wieder eine Zeit haben, die uns daran erinnert: Es lohnt sich, zu warten und die Antennen neu einzustellen auf Gott, der zu uns kommt in einem Kind, damit wir das Leben, die spontane Freude und die Liebe neu entdecken.

Ich bin ganz gelassen,
denn du lässt mich sein,
muss mich nicht verbiegen,
fühl mich nicht mehr klein.
Ich darf mich entfalten,
wie ein Schmetterling
land ich sanft in deiner Hand
und ich sing und sing.

Ich bin ganz gelassen
und ich lass es sein,
ständig mich zu hetzen,
unter Strom zu sein.
Vor dir sind die Stunden
ein Stück der Ewigkeit,
Jahre wie Sekunden
und paradox die Zeit.

Ich bin ganz gelassen,
ganz, ich fühl mich heil,
es ist kaum zu fassen:
bin nicht mehr geteilt.
Bin nicht mehr zerrissen
zwischen hier und dort,
ich darf glauben, wissen:
bei dir ist mein Ort.

Ein Lob des Alters

»Wenn das Wasser zurückweicht, müsst ihr fliehen … » Diese Worte hatte der alte Häuptling in Erinnerung. Diesen Satz hatte er des Öfteren von den Alten seines Stammes gehört. Und nun geschah es eines Tages: Plötzlich zog sich das Wasser zurück. Der alte Häuptling rannte zu seinen Stammesgenossen und schrie: »Flieht! Alle! Sofort! In die Berge!« Jeder und jede schnappte die Kinder, ließ ansonsten alles stehen und liegen und rannte ins Inselinnere. Keinem einzigen Mitglied dieses Stammes wurde auch nur ein Haar gekrümmt, als die große Welle kam.

Eine kurze Reportage unter den vielen erschütternden Berichten über die Flutkatastrophe vor einigen Jahren erzählte diese Begebenheit. »Wo sind unsere alten, weisen Menschen, die mehr wissen als wir jüngeren?«, habe ich mich spontan gefragt. Wo sind die mit Würde alt gewordenen, die das Wohl unserer Gemeinschaft im Blick haben und hellhörig das reflektieren, was um uns herum geschieht? Wo sind die natürlichen Frühwarnsysteme unserer Gesellschaft? Es gibt sie nicht mehr, und wenn es sie gibt, beachten wir sie nicht.

»Vor einem grauen Haupt sollst du aufstehen und die Alten ehren.« Wie fremd klingt dieses Zitat aus dem Alten Testament in unseren Ohren. Wie sehr haben wir uns in einer dem Jugendwahn verfallenen Zeit daran gewöhnt, das Alter als Problem und nicht als Krone eines guten und erfüllten Lebens zu verstehen. »Wenn das Wasser zurückweicht, müsst ihr fliehen … » Ohne die wache Erinnerung eines sensiblen alten Mannes wäre ein ganzes Volk ertrunken.

Was wird das Alter bringen? Wie wird es mir gehen in 15 oder 20 Jahren oder wenn ich vielleicht sogar 80 Jahre alt geworden bin? Ich höre so viel von Krankheiten, von Altersarmut, Pflegenotstand und Demenz. Wie schön und wie wohltuend ist es dann, Aussagen von alten Menschen zu hören, denen es gut geht und die offensichtlich glücklich sind. »Ich erlebe gerade die beste Zeit meines Lebens«, sagte der 80-jährige James Last vor einigen Jahren in einem Interview. Ermutigend, finde ich. Untersuchungen in den USA haben ergeben, dass Menschen, die gläubig sind und regelmäßig beten, eine höhere und gesündere Lebenserwartung haben. Nun gibt es ja den Satz: »Trau keiner Statistik, die du nicht selbst gefälscht hast!«, und ich misstraue solchen Untersuchungsergebnissen eher, weil es ja mitunter doch sehr davon abhängt, wer eine Studie mit welcher Zielvorgabe in Auftrag gibt und bezahlt. Und dennoch gefällt mir der Gedanke und ich halte es auch für wahrscheinlich, dass Menschen, die sich darin üben, über ihren Tellerrand hinauszudenken, zu glauben und zu beten, länger und wacher leben als andere Menschen.

Auch in der Bibel wird über die Menschen, die Gott vertrauen, gesagt: »Und wenn sie auch alt werden, werden sie dennoch blühen, fruchtbar und frisch sein.« (Ps 92,15) Es gibt eine Großzügigkeit im Alter und darauf freue ich mich!

Ist es nicht ein Wunder – du stehst morgens auf.
Ist es nicht ein Wunder – der Tag nimmt seinen Lauf.
Ist es nicht ein Wunder – wie du geschaffen bist?
Ist es nicht ein Wunder – was da in dir ist?
Ist es nicht ein Wunder – wenn die Liebe blüht?
Ist es nicht ein Wunder – wenn dein Herz erglüht?
Ist es nicht ein Wunder – schau hinaus ins All!
Ist es nicht ein Wunder – und keinesfalls Zufall?

Wunder, Wunder, ja, ich will mich wundern.
Wunder, Wunder – Du bist wunderbar.
Wunder, Wunder, diese Welt wird bunter,
Wunder, Wunder, wunder dich doch mal.

Ist es nicht ein Wunder – jedes Farbenspiel?
Ist es nicht ein Wunder – in dir das Gefühl?
Ist es nicht ein Wunder – was dein Körper schafft?
Ist es nicht ein Wunder – du hast soviel Kraft.
Ist es nicht ein Wunder – jeder leise Klang?
Ist es nicht ein Wunder – unser Lobgesang?
Ist es nicht ein Wunder – wenn vergeben wird?
Ist es nicht ein Wunder – dass uns jemand hört?

Ist es nicht ein Wunder – …

Kannst du mir mal dein Auto leihen?

»Drei Dinge verleiht man nicht: die eigene Zahnbürste, die eigene Frau und das eigene Auto!«, behauptet ein deutsches Sprichwort. Bei der Zahnbürste und der Ehepartnerin kann ich es ja nachvollziehen, aber beim Auto? Ja, es gibt Menschen, die verleihen grundsätzlich ihr Auto nicht und auf die notgedrungene Anfrage eines Freundes, eines Bekannten oder eines Nachbarn (»Du, mein Auto ist gerade in der Werkstatt und ich müsste dringend da und da hin, kannst du mir dein Auto leihen?«) antworten diese Zeitgenossen einfach mit »Nein«. Und zwar nicht einfach so, sondern grundsätzlich: »Du, das musst du verstehen, aber mein Auto, nein, das verleihe ich nicht, was ist, wenn etwas passiert? Klar, ich habe Vollkasko, aber dann werde ich hochgestuft und da die Kosten rauszurechnen, das gibt doch nur Ärger!«

Kann man das verstehen? Man kann es zumindest versuchen und dann wird man feststellen, dass solche Menschen eher pessimistisch eingestellt sind. Sie denken zuerst einmal an das Negative, an all das, was passieren könnte, und welche Folgen das dann nach sich ziehen könnte. Sie überlegen sich außerdem, dass sie das Auto ja vielleicht doch brauchen könnten und dann eben nicht hätten. Obwohl sie noch Minuten zuvor der festen Überzeugung waren, dass sie das Auto nicht brauchen, fallen ihnen auf einmal ganz viele dringende Dinge ein, für die das eigene Auto doch benötigt werden könnte.

Zum anderen gibt es wirklich Erdenbewohner, für die die eigenen vier Räder mindestens genauso heilig sind wie die eigenen vier Wände; und wer schon keine eigenen vier

Wände hat, für den ist das Auto unter Umständen noch wichtiger. Vor vielen Jahren befand ich mich eines schönen Sonntagmorgens gemeinsam mit meiner Frau auf dem Nachhauseweg von der Kirche. Vor einem der Häuser, an denen wir vorüberkamen, hatte ein Mann sein Auto »ausgebreitet« (alle Türen und Kofferraum offen, die Fußmatten draußen, Musik aus dem Radio etc.) und putzte, pflegte und wienerte sein Gefährt inbrünstig. Als meine Gefährtin verbal den Kopf schüttelte, sagte ich zu ihr: »Ich weiß gar nicht, was du hast, dieser Mann hier feiert Gottesdienst oder besser gesagt ›Autodienst‹. Er bringt damit zum Ausdruck, was ihm heilig zu sein scheint!«

»Woran du dein Herz hängst, das ist dein Gott!«, hat Martin Luther einmal gesagt. So gesehen sind wir ein heidnisches Land voller funkelnder, hupender und blitzender Götzen, denn unsere Götter heißen AUDI, Mercedes und BMW und die einzige kontinuierlich wachsende »Religionsgemeinschaft« ist der ADAC, den viele für den »Auto-darf-alles-Club« halten. Ist es da nicht völlig logisch, dass man sein Auto, sein Allerliebstes, nicht verleiht? Angenommen, ich möchte lernen, großzügig zu sein oder zumindest großzügiger, dann kommt hier die Nagelprobe. Hier kann ich lernen, loszulassen, und dabei habe ich (wieder einmal) viel von unseren amerikanischen Freunden gelernt. US-Amerikaner haben überhaupt kein Problem damit, einem Wildfremden ihr Auto zu leihen und zu überlassen. In vielen Autos steckt, zumindest auf dem Land, auch permanent der Autoschlüssel. Obwohl ich das für ein bisschen übertrieben und eventuell auch gefährlich halte, zeigt es doch eine Grundhaltung, die von Großzügigkeit geprägt ist, wie überhaupt die USA schon rein geografisch großzügig angelegt, im wahrsten Sinne des Wortes, sind.

Wohin die Augen sehen,
was sie zum Leuchten bringt,
wohin Gedanken gehen,
wenn etwas in dir singt,
liegt als dein Schatz verborgen
und niemand sieht hinein.
Am Abend und am Morgen,
wird da dein Herz auch sein.

Dein Herz wird sein,
da wird dein Herz auch sein,
am Abend und am Morgen,
wird da dein Herz auch sein.

Worauf die Ohren achten,
was dir die Richtung gibt,
wo jemand still und sachte
dir sagt: »Du bist geliebt!«,
liegt als dein Schatz verborgen
und niemand sieht hinein.
Am Abend und am Morgen,
wird da dein Herz auch sein.

Wonach die Hände greifen,
was dich mit Stolz erfüllt,
wie Wünsche in dir reifen,
was deine Sehnsucht stillt,
liegt als dein Schatz verborgen
und niemand sieht hinein.
Am Abend und am Morgen,
wird da dein Herz auch sein.

Voneinander lernen

»Wenn jeder an sich denkt, ist auch an alle gedacht!«, heißt es in einem Sprichwort und doch, so wollen Trendforscher herausgefunden haben, ist »die Zeit der Ichlinge« vorbei. Die Menschen haben, wohl auch unter dem Eindruck der Weltwirtschaftskrise, wieder mehr die Gemeinschaft und das Wohl der Nachbarn und Freunde im Blick. Viele erkennen in diesen Tagen, wie gut es tut, eingebunden zu sein in einen Kreis von Menschen, die einem vertraut sind und denen man vertrauen kann. Dazu muss ich natürlich auch bereit sein, die anderen in den Blick zu bekommen und darf nicht immer nur auf meinen eigenen Vorteil bedacht sein. Das war der Esprit der ersten christlichen Gemeinden: »Sie blieben beständig beieinander« – sie wollten was voneinander und machten die Erfahrung: Wo Menschen aufeinander zugehen und lernen, miteinander zu leben, da begleitet sie Gottes guter Segen.

»*Wir wollen aufstehn, aufeinander zugehn, voneinander lernen, miteinander umzugehn, aufstehn, aufeinander zugehn und uns nicht entfernen, wenn wir etwas nicht verstehn!*« Dieses Lied wird bundesweit in vielen evangelischen und katholischen Gemeinden gerne und oft gesungen. Das Kuriose daran ist, dass die Gemeinde dabei sehr oft sitzen bleibt. Obwohl alle singen: »Wir wollen aufstehn«, sitzt die bundesweite Christenheit auf dem platten Hintern und erst, wenn ich sage: »Man kann dieses Lied auch im Sitzen singen«, macht sich eine gewisse Nachdenklichkeit breit und: Mann und Frau stehen auf!

Warum fällt es uns so schwer, aufzustehen und aufeinander zuzugehen? Vor allem dann, wenn wir etwas nicht verstehen oder mit etwas nicht einverstanden sind, ist es oft viel einfacher, sich abzuwenden und zu sagen: Lass mich in Ruhe! Wir haben verlernt, aufeinander zuzugehen und wir haben es verlernt, einander zuzuhören. Wir haben es verlernt, großzügig zu sein. Uns und dem anderen einzugestehen, dass wir alle Fehler machen und dass jeder Mensch »seine Macken« hat. Wir verschanzen uns hinter unseren Mauern, anstatt größer und vor allem höher zu denken und spielerisch zu überlegen, wie wir diese Mauern überwinden könnten.

Wir haben verlernt, einander zuzuhören, einander wahrzunehmen und aufeinander zuzugehen. Genau das war es jedoch, was die Menschen an Jesus von Nazareth fasziniert hat, die Art und Weise, wie er auf andere Menschen, auf Außenseiter, auf verbissene Rechthaber und Ausgestoßene zugegangen ist und sie wieder ins Boot der Gesellschaft geholt hat.

Wo immer Jesus sich hinbewegte, folgte ihm eine große Fangemeinde – kein Wunder also, dass Jesus von Zeit zu Zeit das Bedürfnis hatte, sich zurückzuziehen. Das konnte man zum Beispiel ganz gut, indem man mit dem Boot einfach raus auf den See Genezareth fuhr und an einer anderen und ruhigen Stelle anlegte. Der Evangelist Markus berichtet uns von solch einer Situation:

Und er sprach zu ihnen: Geht ihr allein an eine einsame Stätte und ruht ein wenig. Denn es waren viele, die kamen und gingen, und sie hatten nicht Zeit genug zum Essen. Und sie fuhren in einem Boot an eine einsame Stätte für sich allein.

(Markus 6,31)

Was für ein Stress – Jesus und seine Freunde waren dermaßen eingespannt, dass sie noch nicht mal Zeit hatten, zu essen – kein Wunder also, dass sie das dringende Bedürfnis hatten, sich zurückzuziehen, etwas zu essen und zu trinken, Feierabend zu machen.

Das kenne ich ganz gut. Wenn ich gestresst bin und auch noch richtig Hunger habe und komme dann nicht zur Ruhe, dann werde ich richtig sauer. Ich brauche meine Ruhe und auch Jesus und seine Jünger hatten sie offensichtlich bitter nötig. Deshalb fuhren sie mit einem Boot in eine einsame Gegend, um alleine zu sein – endlich alleine, endlich keine Gespräche mehr, Feierabend! Doch diesmal war alles anders – irgendwie hatten die Leute mitbekommen, wohin Jesus und seine Jünger sich absetzen wollten. Markus erzählt weiter:

> *Und man sah sie wegfahren, und viele merkten es und liefen aus allen Städten zu Fuß dorthin zusammen und kamen ihnen zuvor. Und Jesus stieg aus und sah die große Menge; und sie jammerten ihn, denn sie waren wie Schafe, die keinen Hirten haben. Und er fing eine lange Predigt an.*
> (Markus 6,33–34)

Das Ganze erinnert mich an das Wettrennen zwischen Hase und Igel, wo der Igel seine Verwandten einspannt, die immer schon vor dem Hasen da sind. Ich kann mir die Reaktion der Jünger lebhaft vorstellen. Da konnte man endlich mal entspannen, relaxen und hatte sich ein schönes Plätzchen fürs Abendessen ausgeguckt und nun kommt man da hin und da wimmelt es nur so von Leuten. Sie waren gekommen – alle, noch viel mehr als vorher. Wahrscheinlich klang die Reaktion der Jünger etwa so: »Oh nein, das schaffen wir nicht – das halten wir nicht aus! Los Jesus, nix wie weg hier. Dann schlafen wir halt mitten auf dem See – das ist doch eine Unverschämtheit – haben die Leute denn kein Gespür? Irgendwann ist doch mal Schluss!«

Sicher, Jesus war ein richtiger Mensch, aber ein Mensch, in dem sich Gott, in dem sich die Liebe Gottes auf einzigartige Weise offenbarte, und diese Liebe hat niemals Feierabend, diese Liebe hört niemals auf! »Als er ausstieg und die vielen Menschen sah, hatte er Mitleid mit ihnen, denn sie waren wie Schafe, die keinen Hirten hatten.« Wie Schafe ohne Hirten – so kommt mir unsere Gesellschaft vor. Das ist ein guter Grund, zusammenzukommen, wenn es da jemanden gibt, der – nicht um eine Wahl zu gewinnen, nicht um ein neues Geschäft zu eröffnen und noch mehr Gewinn zu machen, nicht um noch mehr Macht zu haben, sondern aus Liebe zu den Menschen – alle Zeit und Kraft opfert, da zu sein und Orientierung und Hilfe zu geben, Hilfe zum Leben. Obwohl Jesus mit Sicherheit hundemüde, hungrig und durstig war, heißt es: »Und er lehrte sie lange.«

Wie eigenartig wirken da unsere kleinen Entschuldigungen, warum wir angeblich keine Zeit haben für uns selbst, für andere und für Gott, warum wir es »einfach nicht schaffen«, still zu werden und regelmäßig die Begegnung und das Gespräch mit Gott, unserem Vater, zu suchen. Jesus nimmt sich Zeit, viel Zeit, obwohl er alle Gründe hätte, eine fünfminütige Kurzandacht zu halten und sich, mit einem Stoßgebet auf den Lippen, schnurstracks zu verabschieden. Wer großzügig ist, lässt sich von einer Situation berühren und kann oft gar nicht anders, als spontan und einfühlsam zu reagieren.

Als nun der Tag fast vorüber war, traten seine Jünger zu ihm und sprachen: Es ist öde hier und der Tag ist fast vorüber; lass sie gehen, damit sie in die Höfe und Dörfer ringsum gehen und sich Brot kaufen. Er aber antwortete und sprach zu ihnen: Gebt ihr ihnen zu essen! Und sie sprachen zu ihm: Sollen wir denn hingehen und für zweihundert Silbergroschen Brot kaufen und ihnen zu essen geben?

Er aber sprach zu ihnen: Wie viel Brote habt ihr? Geht hin und seht!
(Markus 6,35–36)

Endlich hatten die Jünger einen richtig guten Grund, Jesus zu unterbrechen. Wenn er schon auf dem »Feierabendohr« taub war, so war doch die Tatsache, dass auch die Leute müde waren und Hunger hatten ein wirklich guter Grund, die Veranstaltung nun zu beenden. Und Jesus sagt: »Gebt ihr ihnen zu essen – kümmert euch darum, dass sich die Leute wohlfühlen, dass auch für ihr leibliches Wohl gesorgt wird.«

Genau das ist unser Auftrag als Christen: nicht nur Gesprächsstoff für die Tratschecken zu liefern, sondern Nahrung, Lebensnahrung sollen wir liefern; die Liebe Gottes in der Weise an andere Menschen weitergeben, dass sie sich wohlfühlen und nicht in die Enge getrieben, dass sie ein gesund und heil machendes, ein sättigendes und ganzheitlich angelegtes Menschsein erfahren durch uns. Wie weit sind wir mit unseren Gemeinden noch davon entfernt? Wie weit sind wir als Kirchen und Konfessionen davon entfernt, heilsam und Mut machend aufeinander zuzugehen? Nicht umsonst steht die Aufforderung »aufeinander zugehen« an ganz zentraler Stelle in der »Charta Ökumenika«.

Und nun reagieren die Jünger wieder einmal sehr typisch mit einer Standardfrage: »Und wer bitte soll das bezahlen? Sollen wir etwa losziehen und von unserem Geld Brot für die ganze Meute kaufen?« Manchmal habe ich den Eindruck, dass die Erbsenzähler und »Geldbeutelklammerer« die Vision einer Gemeinde mehr bestimmen als die Worte Jesu.

In einer Kirchengemeinde hatte man einen »Busausschuss« gegründet, einen Ausschuss, der sich um die Refinanzierung und Pflege eines mittlerweile sehr in die Jahre gekommen VW-Busses kümmerte. Dieser Ausschuss hatte nun scheinbar ein finanzielles Konzept entwickelt, aufgrund dessen jede Busfahrt auch gemeindeintern so hoch abgerechnet wurde, dass es für die verschiedenen Gruppen der eigenen Gemeinde günstiger war, sich einen wesentlich neueren Bus bei anderen, kommerziellen Anbietern zu mieten. Ich möchte das ehrenwerte Engagement mancher Leute nicht schmälern, aber gerade unser typisch deutsches Fixiert-Sein auf eine ausgeglichene Bilanz und Kasse treibt doch manchmal seltsame Blüten!

Jesus geht darauf gar nicht ein. Eine der Grundfragen unseres westlichen Konsumlebens (Werde ich genug Geld haben?) ist für Jesus schlicht und ergreifend unwichtig. Das, worüber sich Politiker und Ausschüsse den Kopf zerbrechen (Wird das Geld reichen?, Ist die Rente sicher? und Ähnliches), diese Fragen sind für Jesus sekundär – und es sind ja auch Fragen, die unser Leben krank machen und zerstören können. Für einen großzügigen Menschen steht eine ganz andere Frage im Vordergrund und diese Frage heißt: Was kann ich einbringen, was kann ich geben, um die Situation zu verbessern? Hier fällt mir das Zitat von John F. Kennedy wieder ein: »Frag nicht, was dein Staat für dich tun kann, sondern frag, was du für deinen Staat tun kannst!« Jesus fragt seine Freunde: »Was habt ihr einzubringen?« Jeder und jede Einzelne von uns wird gefragt: Was hast du einzubringen, was hast du mitgebracht?

Das war doch der Charme der ersten Gemeinden, der frühen Christenheit: Sie hatten eine Gütergemeinschaft, jeder und jede brachte das, was er oder sie hatte, mit ein. Die ersten Christen waren mit ihrer Art, aufeinander zuzugehen, sich auch um die Kranken, Witwen und Waisen zu kümmern, vorbildhaft und ein radikaler Gegenentwurf zu der übrigen Gesellschaft. Wo bitte ist der christliche Gegenentwurf zu dem allgemeinen Wahnsinn, der in unserer Gesellschaft abgeht?

Ich kenne viele Beispiele in unseren Gemeinden, wo tolle Projekt entstanden sind, einfach nur weil Menschen bereit waren, das, was sie an Begabungen und Möglichkeiten »im Gepäck« hatten, mit einzubringen. Wären die Initiatoren dieser Projekte beim Erbsenzählen stehen geblieben, wäre niemals etwas neues entstanden – viel zu viel Aufwand, viel zu viel Hektik, viel zu viel Geld. Weil aber Menschen bereit waren, zusammenzukommen und zu schauen: »Was kann ich mitbringen an Gaben, an Ideen und an Geld?«, weil Menschen den Auftrag »Gebt ihr ihnen zu essen« ernst genommen haben, kommen hier Junge und Alte auf den Geschmack, Jesus nachzufolgen.

> *Und er gebot ihnen, dass sie sich alle lagerten, tischweise, auf das grüne Gras. Und sie setzten sich, in Gruppen zu hundert und zu fünfzig.*
>
> (Markus 6,39–40)

Aus den tausenden von Menschen werden überschaubare Gruppen gebildet; Gruppen, in denen wir einander wahrnehmen können, einander ansehen und einander kennenlernen können. Das ist doch oft das Frustrierende an Großveranstaltungen, dass ich da als Einzelner komplett untergehe. Man kann mitten in einer Masse von Leuten komplett einsam sein, weil niemand einen wahrnimmt, wenn da niemand ist, der einen im Blick hat. Überschaubare Gruppen wurden gebildet, in denen die Menschen wirklich aufeinander zugehen konnten.

Und das Wunderbare geschieht: Da, wo wir es wagen, in unserem Brotbeutel nachzusehen, was wir mitgebracht haben und was wir einbringen können, da werden alle satt – da kommen nicht nur Menschen zusammen, da finden auch Menschen zueinander, da begegnen sich Menschen – da entsteht Gemeinde.

Und sie aßen alle und wurden satt.
(Markus 6,42)

Da, wo wir aufeinander zugehen, aufeinander achten und jeder etwas mit einbringt, da kommt auf einmal so viel zusammen, dass noch vieles übrig bleibt. Jesu lädt uns ein, zusammenzukommen und mit einzubringen, was wir haben. Manche haben Zweifel und unangenehme Fragen im Gepäck. Auch die gehören dazu, auch sie dienen der Gemeinschaft. Wo wir als Christen beginnen, in dieser Weise zu teilen, findet wirkliche Begegnung statt und da sind wir auf dem Weg zu jenem ganzheitlichen Menschsein, wie Gott es sich ursprünglich gedacht hat.

Großzügigkeit
war das schönste Kleid
der allerersten Christenheit,
Großzügigkeit –
ohne Neid und ohne Streit,
doch das war bald
Vergangenheit.

Die gute Fee

Die gute Fee ist von Haus aus großzügig, sie gewährt drei Wünsche. Drei Wünsche, das ist sehr viel. Es gibt schier unendlich viele Geschichten von Feen und vor allem viele Feenwitze. Und immer hat ein Mensch drei Wünsche frei oder drei Menschen haben jeweils einen Wunsch frei.

So wie die drei Schiffbrüchigen, die auf einer einsamen Insel gestrandet sind. Nach vielen Tagen des Herumirrens finden sie am Strand eine alte Flasche mit einem seltsamen Verschluss. Sie öffnen die Flasche und ein Geist strömt heraus: »Danke, dass ihr mich befreit habt, jetzt hat jeder von euch einen Wunsch frei!« Daraufhin sagt der Erste: »Ich möchte so gerne wieder nach Hause, zu meiner Familie!« Und »zack« sitzt er zu Hause bei seinen Lieben und sie freuen und umarmen sich. Der Zweite ruft: »Ich wünsche mich mit einem Haufen Geld nach Las Vegas!« Und »zack« befindet er sich mitten in Las Vergas in einer riesigen Spielhölle. Nun ist der Dritte an der Reihe: »Ich finde es eigentlich sehr schön hier auf der Insel, nur ein bisschen einsam. Ich wünschte, die beiden anderen wären wieder da!«

Ich habe nie verstanden, warum sich die betreffenden Glückspilze nicht einfach unendlich viele Wünsche gewünscht haben. Aber vielleicht ist das ja ein innerer Ehrenkodex der Großzügigkeit, dass man das nicht macht. Vielleicht kann oder darf man das aber auch nicht machen, sich einfach unendlich viele Wünsche wünschen. Und wo ein Mensch das versucht, wird er scheitern, so wie das zänkische Eheweib in dem bekannten Märchen vom Fischer und seiner Frau. Die gute Fee steht für eine oder drei großzügige

Optionen, die dem Glücklichen beschert werden und sie kann uns lehren, selbst großzügig zu werden in unserem Denken und Schenken.

Mensch, du hast drei Wünsche frei,
sprach die gute Fee,
dreimal kannst du wählen,
wie es weitergeht.
Dreimal kannst du sagen:
»Mensch, das wünsch ich mir«,
diese Welt zu ändern
liegt nun ganz bei dir.

Dass die Welt endlich erwacht
kurz vor Mitternacht
und sich an die Arbeit macht,
hab ich mir gedacht,
dass es eine Zukunft gibt
schön und unbeschwert
für die Kinder dieser Welt,
wär ein Wunsch mir wert.

Dass es eine Hoffnung gibt
für die kranke Welt,
und wir gut verteilen,
Nahrung, Recht und Geld,
dass die Tauben hören,
Blinde wieder sehn
und die Völker dieser Welt
friedvoll sich verstehn.

Mensch, du hast drei Wünsche frei,
doch die gute Fee
stammt ja aus dem Märchenreich,

es wird nichts geschehn,
wenn wir nicht gemeinsam
mutig daran gehn
dieser Welt zu helfen
besser dazustehn.

Hunderttausend Wunder
sollen bitte schön
an hunderttausend Orten
über Nacht geschehn.
Wünsche sollen wieder
in Erfüllung gehn,
hunderttausend Wunder,
Mensch, die will ich sehn.

Von Schnorrern und Pharisäern

Wenn wir uns als Jugendliche, so kurz vor dem Abi, abends getroffen haben, um ein wenig abzuhängen und zu feiern, geschah es regelmäßig, dass Leute dazukamen, mit denen wir uns nicht verabredet und die wir auch nicht eingeladen hatten. Das war insofern ein wenig ärgerlich, weil wir meistens die Speisen und Getränke für uns besorgt hatten und nun diese Typen dazustießen und sich ganz selbstverständlich an unseren Grilladen und Getränken bedienten. Manchmal brachten sie auch was mit, aber das stand meist in keinem Verhältnis zu dem, was sie dann bei uns konsumierten. »Schnorrer« nannten wir solche Mitschüler. Davon gab es zwar nicht allzu viele, aber es gab sie. »Hast du mal ne Zigarette?« oder »Hast du mal ne Mark?« oder »Haste mal 'n Bier? Hey, keep cool Mann, das nächste Mal spendier ich 'nen Kasten!« Ja, nur dass das »nächste Mal« nie stattfand. Der Ausdruck »Schnorrer« kommt wie so mancher originelle Ausdruck unserer deutschen Sprache aus dem Jiddischen.

Wir haben diese Schnorrer, wenn sie es denn nicht übertrieben, toleriert. Mir wäre es einfach zu blöd gewesen, jemanden wegen einer Bratwurst und zwei Bier blöd anzumachen. Und so hat man sich über sie lustig gemacht und sie waren dann halt doch irgendwie dabei. Außerdem boten sie jede Menge Gesprächsstoff. Was hinter deren Rücken so alles spekuliert und erdacht wurde, geht auf keine Kuhhaut. Aber unsere Grundhaltung war eine Mischung aus Gutmütigkeit und Großzügigkeit. Gutmütig waren wir deshalb, weil wir sie nicht sofort wegtrieben und uns sagten »Ach komm, so schlimm ist das ja nicht, dann soll er oder sie halt dabei bleiben, ist ja irgendwie auch ein armer Kerl!« Gutmütigkeit kann man ausnutzen. Schnorrer riechen das und nutzen es dann auch aus, mitunter unverschämt! Großzügig waren wir, weil wir unsere Getränke und Fressalien nicht bunkerten und für uns behielten, sondern teilten, wohl wissend, dass vom anderen niemals etwas zurückkommen würde. Und trotzdem ist es immer eine eigenartige Situation, wenn sich bei einem privaten Fest plötzlich jemand dazugesellt, der nicht vorgesehen war.

Ein Pharisäer hatte Jesus zum Essen eingeladen (Lukas 7,36 ff.). Und Jesus hatte diese Einladung angenommen; er hatte keine Berührungsängste, deshalb ließ er sich auch von einem Pharisäer einladen. Im Neuen Testament werden sie als Zeitgenossen und Kritiker Jesu dargestellt, die die Einhaltung von Reinheitsgeboten überbetonten, während für Jesus die Gottes- und Nächstenliebe Vorrang hatte. Dass sich die Pharisäer auch als eine gesellschaftlich-religiöse Elite verstanden, die zwar den genauen Wortlaut des Gesetzes erfüllten und auf dessen strenge Einhaltung sahen, aber den Sinn hinter den Gesetzen nicht beachteten, daran übte Jesus zum Teil harte Kritik.

Im deutschen Sprachgebrauch kennen wir dieses Wort nur noch als Synonym für »Heuchler« oder als Bezeichnung für ein leckeres Kaffeegetränk. Wenn also da so lapidar beschrieben wird, dass Jesus die Einladung eines Pharisäers annahm, dann bedeutet das im Grunde, dass er sich mal eben ganz locker in die Höhle des Löwen begab. Jesus ging in sein Haus und legte sich zu Tisch. Sich zu Tisch legen war nicht etwa Ausdruck größter Entspanntheit, sondern damals üblich. Man saß nicht, man lag mehr oder weniger (halbseitig aufgestützt) zu Tisch; wir kennen das heute noch aus dem Wort »Tischgelage« oder ganz einfach »Gelage«.

Und siehe, eine Frau war in der Stadt, die war eine Sünderin. Als die vernahm, dass er zu Tisch saß im Haus des Pharisäers, brachte sie ein Glas mit Salböl.

(Lukas 7,37)

Ein ungebetener Gast, eine Frau, die nicht eingeladen war, kommt zu diesem »Gelage« dazu. Wie soll ich mir das vorstellen? Wie kann jemand einfach »dazukommen«, war dieses Gelage öffentlich oder fand es im Freien, vielleicht in einem Innenhof statt? Sicherlich muss es ein größeres Festmahl gewesen sein, verbunden mit einem bunten Treiben und einem fröhlichen Kommen und Gehen und scheinbar war der Gastgeber großzügig und warf nicht sofort jeden hinaus, der nicht unmittelbar dazugehörte. Außerdem ist es ja auch immer ein wenig spannend, wenn plötzlich ein Schnorrer auftaucht. Erst mal abwarten, was passiert. Vielleicht gehörte diese Person ja auch irgendwie zu seinem Gast. Erstmal abwarten, was da passiert.

Und (sie) trat von hinten zu seinen Füßen, weinte und fing an, seine Füße mit Tränen zu benetzen und mit den Haaren ihres Hauptes zu trocknen, und küsste seine Füße und salbte sie mit Salböl.

(Lukas 7,38)

Mit Sicherheit keine Schnorrerin, denn sie hat ja etwas mitgebracht: Salböl. Und nicht etwa irgendeine »Billigmarke«, sondern kostbares Salböl, das konnte man riechen. Schwer und verführerisch legt sich der Duft über das Gelage und die Umliegenden beobachten, wohl mit einer Mischung aus Faszination, Ekel und Neid, wie die Frau den Füßen Jesu eine Wohltat nach der anderen angedeihen lässt. Die Füße Jesu müssen besondere Füße gewesen sein, immer unterwegs im Staub, auf der Straße, über Stock und Stein, immer auf dem Weg zu den Menschen. Es waren müde und geschundene Füße. Was für eine Wohltat, die ihm nun diese Frau zukommen lässt. Ganz still, ganz demütig (dem Boden zugewandt) teilt sie ihm ihre Hingabe, ihre Freude, ihre Trauer und ihre Erleichterung mit. Sie hat zu den allgemeinen Tischgesprächen nichts beizutragen, sie plappert nicht ungefragt dazwischen, und doch ist das, was sie sagt, elementar. Sie sagt es mit ihren Tränen und ihrer Zärtlichkeit, eine andere Sprache hat sie im Moment nicht. Doch sie gibt alles das frei, was sie im Moment zu geben vermag.

Als aber das der Pharisäer sah, der ihn eingeladen hatte, sprach er bei sich selbst und sagte: Wenn dieser ein Prophet wäre, so wüsste er, wer und was für eine Frau das ist, die ihn anrührt; denn sie ist eine Sünderin.
(Lukas 7,39)

Wie gesagt, Jesus hatte keine Berührungsängste. Er legte sich ja sogar zu diesem Pharisäer, mit dem er in vielen Punkten nicht einer Meinung war, an den Tisch. Jesus war nicht kleinkariert in der Auswahl der Menschen, mit denen er sich befasste, sondern er folgte seinem Herzen und den Einladungen der Menschen, die ihm begegnen wollten. Und sicher musste er in diesem Moment auch nicht Gedanken lesen können, denn allzu deutlich stand seinem Gastgeber die Bestürzung und das Entsetzen über das, was da gerade abging, ins Gesicht geschrieben.

Jesus antwortete und sprach zu ihm: Simon, ich habe dir etwas zu sagen. Er aber sprach: Meister, sag es!
(Lukas 7,40)

Interessant: Jesus »antwortet« auf das Gedachte und Simon behält die Fassung, er spricht Jesus weiter mit »Lehrer« oder »Meister« an, obwohl die Art und Weise, wie Jesus mit der Frau umgeht, ihn in seinen Augen als herausragenden Lehrer oder Propheten zumindest mal infrage stellt. Simon bleibt höflich und ist gespannt, wie sich das Ganze weiterentwickelt. Dieser Jesus war ja schon immer für eine Überraschung gut.

> *Ein Gläubiger hatte zwei Schuldner. Einer war fünfhundert Silbergroschen schuldig, der andere fünfzig. Da sie aber nicht bezahlen konnten, schenkte er's beiden. Wer von ihnen wird ihn am meisten lieben?*
> (Lukas 7,41–42)

»Bei Geld hört die Freundschaft oder der Spaß auf«, sagt man. Jeder, der schon mal einen größeren Kredit aufgenommen hat, weiß, dass es Zeiten gibt, in denen einen das ganz schön bedrängen kann. Monatliche Ratenzahlungen, die noch zusätzlich zu dem, was das Leben sonst kostet, dazukommen, können einen ganz schön in Bedrängnis bringen. Zwischen drei und vier Millionen deutscher Privathaushalte sind überschuldet, können ihre Schulden nur noch teilweise oder gar nicht mehr bezahlen. In vielen Familien ist die klamme Haushaltslage der Grund für Ehekrisen, Alkoholismus, Gewalt und Scheidungen. Das kann einen fertigmachen, vor allem, wenn man in einer Wohlstandsgesellschaft wie Deutschland lebt und sehen und erleben muss, dass andere viel mehr Geld haben als man selber, dass alle anderen sich scheinbar alles leisten können, nur man selber nicht. Und dann will man doch auch mal ein Stück vom Kuchen abhaben, dann will man sich doch zumindest auch mal einen tollen, übergroßen Flachbildschirm leisten können: »Null

Prozent Zinsen, Abzahlung beginnt erst in einem halben Jahr!«, locken einen die Werbesprüche. Schon sitzt man in der Falle und leistet sich etwas, was man sich eigentlich nicht leisten kann. Das Geld für die gerade in die Knie gegangene Waschmaschine ist auch nicht da, also kauft man sie auf Pump gleich mit, ist ja eh schon egal.

Die Länder der sogenannten Dritten Welt brauchen einen Schuldenerlass. Einen Schuldenschnitt von den reichen Ländern dieser Welt, sonst kommen sie wirtschaftlich nicht auf die Beine. Ebenso wie das Nachkriegsdeutschland ohne den Schuldenerlass des 1953 in London getroffenen Abkommens nicht oder zumindest nicht so schnell wieder auf die Beine gekommen wäre.

Wenn wir also im Kontext der Eurokrise wütend nach Griechenland schauen, wo wir angeblich Milliarden von Euros versenken, dann seien wir an dieser Stelle kurz daran erinnert, dass auch Griechenland 1953 auf die Rückzahlung der deutschen Schulden verzichtete – Im Zweifelsfall: großzügig. Jesus fragt: »Wer wird dankbarer sein: Der, dem 50 Milliarden Euro geschenkt wurden, oder der, dem fünf Milliarden Euro geschenkt wurden (um es mal auf aktuelle Zahlenwerte zu übertragen)?« Großzügig! Und diese Großzügigkeit braucht diese Welt.

> *Simon antwortete und sprach: Ich denke, der, dem er am meisten geschenkt hat.*
> (Lukas 7,43)

Ha, Simon ist klug, er kennt seine Pappenheimer und deshalb antwortet er vorsichtig mit »Ich denke«, »Ich nehme an« (ypolambano hoti, das bedeutet: »geistig auffassen«, meinen, annehmen). Er lässt sich ein Hintertürchen offen.

Scheinbar kennt er die Deutschen, die ja gemeinhin denken, das sogenannte deutsche Wirtschaftswunder nach dem zweiten Weltkrieg sei vor allem und in erster Linie auf den viel beschworenen »deutschen Fleiß« zurückzuführen. Wir sind Meister der Wahrnehmungsstörung und äußerst großzügig, wenn es um die Interpretation der Geschichte zu unseren Gunsten geht. Deshalb sagt Simon: »Ich nehme an«.

»Du hast Recht«, sagte Jesus. Zu meinem Erstaunen, denn ich habe den Eindruck, dass ein Land, das nur mit fünf Milliarden in der Kreide steht, noch viel eher den Bezug zur Realität hat als ein Land, das mit 50 Milliarden in der Kreide steht. Heute würde man diese Geschichte vielleicht doch anders erzählen, zum Beispiel so: »Wie blöd«, dachte der kleine Schuldner, »dass ich nicht auch noch viel mehr auf den Putz gehauen habe …« Nochmal: Simon ist klug, er teilt nicht so ganz den Optimismus des Nazareners. »Ich nehme an«, sagt er.

Er aber sprach zu ihm: Du hast recht geurteilt. Und er wandte sich zu der Frau und sprach zu Simon: Siehst du diese Frau? Ich bin in dein Haus gekommen; du hast mir kein Wasser für meine Füße gegeben; diese aber hat meine Füße mit Tränen benetzt und mit ihren Haaren getrocknet. Du hast mir keinen Kuss gegeben; diese aber hat, seit ich hereingekommen bin, nicht abgelassen, meine Füße zu küssen. Du hast mein Haupt nicht mit Öl gesalbt; sie aber hat meine Füße mit Salböl gesalbt. Deshalb sage ich dir: Ihre vielen Sünden sind vergeben, denn sie hat viel Liebe gezeigt; wem aber wenig vergeben wird, der liebt wenig.

(Lukas 7,43b–48)

Eigentlich müssten wir Christen doch die großzügigsten und dankbarsten Menschen auf dieser Welt sein, denn wir leben im Freiraum der Vergebung, der Großzügigkeit Gottes und in der Auferstehungswirklichkeit des Gekreuzigten und Auferstandenen. Wir haben kein Recht, uns (wie der Gastgeber Jesu) besser als diese Prostituierte zu fühlen, sondern wir müssen uns die Frage gefallen lassen: Wie reagiere ich auf die Tatsache, dass ich ein freies Kind Gottes sein darf, dass mir, wenn ich mich an Jesus wende, meine Schuld, wie auch immer sie aussehen mag, erlassen wird? Das entbindet mich nicht davon, dass ich die Schuld, die ich bei anderen Menschen auf mich geladen habe, noch in Ordnung bringen muss. Das macht Jesus ganz deutlich, als er seinen Jüngern das »Vaterunser« beibringt. Mir wird in dem Maß vergeben, wie auch ich bereit bin, mich in das Versöhnungsgeschehen konkret mit einzubringen: »Wie auch wir vergeben unseren Schuldigern«. Jemand, der Streit mit seinem Nachbarn hat und Versöhnung, den Freispruch erfahren möchte, muss auch bereit sein, auf diesen Nachbarn zuzugehen. Heute beginnt der Rest meines Lebens und den will ich, im Vertrauen auf Gott, dankbar und großzügig gestalten.

»Ich nehme an!« Heute haben wir das Wort »eigentlich« – eigentlich müssten wir Christen aufgrund der Großzügigkeit Gottes, von der wir wissen und die wir erfahren haben, die dankbarsten und barmherzigsten Menschen auf dieser Welt sein. Sind wir aber nicht. Warum sind wir das nicht? Weil wir, wie alle anderen, denken und glauben, dass wir alles selber machen können und müssen.

Und er sprach zu ihr: Dir sind deine Sünden vergeben. Da fingen die an, die mit zu Tisch saßen, und sprachen bei sich selbst: Wer ist dieser, der auch die Sünden vergibt? Er aber sprach zu der Frau: Dein Glaube hat dir geholfen; geh hin in Frieden!

(Lukas 7,48–50)

Dein Glaube, dein Vertrauen hat dich gerettet! Nicht deine Leistung, sondern die Tatsache, dass du dich als beschenkten und befreiten Menschen verstehen und begreifen kannst, das rettet dich und das kann, wenn du es möchtest, in ein freies, sich selbst verschenkendes Leben führen!

»Entdecke die Möglichkeiten!«

»Aufwachen! Bald ist Frühling! – Viel mehr, als du erwartest und viel günstiger, als du denkst!« Den Kopf voller Werbesprüche fühlen wir uns kumpelhaft geduzt und betreten ebenfalls voller freundschaftlicher Gefühle das sympathische Möbelhaus aus Schweden. Schon seit unserer Teenagerzeit begleiten uns IVAR, das wundersame Schüler- und Studentenregal und Konsorten bis zum heutigen Tag. Keine Frage: Dieser Möbelfachhandel aus dem hohen Norden hat sich von »Wohnst du schon oder schraubst du noch?« zu »Wohnst du noch oder lebst du schon?« gemausert.

Und da beginnt das Problem. Natürlich kommt man dort auf viele wunderbare Ideen, wie man sein Haus oder seine Wohnung umgestalten könnte – gäbe es da nicht einen entscheidenden Haken: Bevor wir hier irgendwelche Möglichkeiten entdecken und ins Träumen geraten, müssten wir erst einmal unsere alte Behausung komplett leer räumen, entkernen, Tabula rasa machen, damit all die schönen und neuen Ideen auch wirklich Raum und Platz gewinnen können (den finanziellen Aspekt einmal völlig außen vor gelassen). »Entdecke die Möglichkeiten!« – so groß denken und planen, das kann ich nur, wenn ich vorher Platz geschaffen habe, wenn ich bereit bin, mich von altem Mobiliar zu trennen. Erst, wenn ich leer geräumt habe, kann ich anfangen, neue Möglichkeiten zu entdecken, zu planen und auszuführen.

In der Passions- und Fastenzeit habe ich die wunderbare Möglichkeit, meinen inneren Haushalt einmal leer zu räumen, mich (und sei es auch nur für sechseinhalb Wochen) von Liebgewordenem erst einmal zu trennen und zu schauen, welche Gestaltungsmöglichkeiten ich habe, wenn dieser Platz auf einmal leer geräumt ist – entdecke die Möglichkeiten! Gleich zu Beginn des Wirkens Jesu, unmittelbar nach seiner Taufe, wurde er auf eine harte Bewährungsprobe gestellt.

> *Da wurde Jesus vom Geist in die Wüste geführt, damit er von dem Teufel versucht würde.*
> (Matthäus 4,1)

Wenn jemand sich in die Wüste begibt, dann weiß er: Jetzt beginnt eine Zeit, in der ich auf vieles, was für mich selbstverständlich ist, verzichte. Ich verzichte auf Komfort, auf Unterhaltung, auf Geselligkeit, auf gutes Essen und so weiter. Wenn man sich dann noch, wie Jesus, dafür entscheidet, 40 Tage und 40 Nächte lang zu fasten, dann merkt man, dass unsere Fastenaktionen in der Passionszeit nur ein kleiner Nachhall dessen sind, was Jesus uns vorgelebt hat. Aber er hat leer geräumt, seine Verdauung, seinen Kopf, seinen Körper – alles frei gemacht von dem Gewohnten.

> *Und da er vierzig Tage und vierzig Nächte gefastet hatte, hungerte ihn. Und der Versucher trat zu ihm und sprach: Bist du Gottes Sohn, so sprich, dass diese Steine Brot werden.*
> (Matthäus 4,2–3)

Wenn man vierzig Tage gefastet hat (die längste Zeit, die ich gefastet habe, war eine Woche lang), dann, so habe ich mir von Langzeitfastern sagen lassen, hat man eigentlich gar keinen Hunger mehr. Trinken, ja, das muss man – immer. Aber Essen kann man auch bleiben lassen. Wenn man sich jedoch vorgenommen hat, eine bestimmte Zeit zu fasten und dann wieder zurückzukehren zu Speis und Trank, zum alten Leben, dann läuft die innere Speichelsekretion an und man freut und bereitet sich vor auf den großen Moment, an dem man endlich wieder isst und trinkt und zum normalen Leben zurückkehrt. Und genau an dieser Schnittstelle packt der Teufel Jesus und sagt: »Wenn es wirklich stimmt, was die Stimme aus dem Himmel vor vierzig Tagen gesagt hat (›Dies ist mein geliebter Sohn, an dem ich Wohlgefallen habe‹), dann kannst du das jetzt doch mal überprüfen, dann ist es doch eine Leichtigkeit für dich, zu den paar Felsbrocken zu sagen: Bitte werdet zu Brot – bitte verwandelt euch in etwas, worauf ich mich seit Tagen gefreut habe.«

Diese Erfahrung kann jede und jeder heute zum Beispiel in der Fasten- und Passionszeit machen. Angenommen, ich nehme mir vor, die nächsten sieben Wochen keinen Alkohol zu trinken, dann klappt das wunderbar, es ist richtig schön. Ich kaufe die sonderbarsten nichtalkoholischen Getränke, braue wundersame Tees und entdecke die vielen kalorienarmen Möglichkeiten zur geselligen Flüssigkeitsaufnahme – ich entdecke: Ich kann auch ohne Alkohol fröhlich sein. Mit Alkohol geht es vielleicht schneller, aber es geht auch ohne. Ein Freund von mir, ein Arzt, der niemals Alkohol trinkt, hat mir einmal gesagt: »Bis zu 2,3 Promille kann ich auch nüchtern stimmungsmäßig mithalten.« Ich habe abends mehr Zeit, bin am nächsten Morgen fitter und ganz nebenbei nehme ich auch noch ein bisschen ab. Entdecke die Möglichkeiten!

Und dann, in der dritten Woche, kommt der Geburtstag von XY und der stinkt es sowieso schon, dass sie immer in der Fastenzeit ihren Geburtstag feiern muss. Dann kommen aus allen Ecken die kleinen Teufelchen angeflogen: »Es ist doch fast schon Halbzeit, *eine* Ausnahme kannst du doch mal machen, wenigstens ein Gläschen Sekt, sei doch kein Spielverderber« und so weiter. Oder noch besser: »Wenn du das so starr einhalten musst, dann hast du ja scheinbar wirklich ein Alkoholproblem!« Und das ist genau der Punkt: Ich muss gar nichts, sondern ich will. Ich will verzichten, ich will das mal ausprobieren. Ich habe die Freiheit, ich habe die Möglichkeit, an meinem frei gewählten Weg festzuhalten – ich habe mehr Möglichkeiten als jemand, der nicht verzichtet!

Eines der Hauptprobleme auf dieser Welt ist das Hungerproblem. Es gibt Millionen von Menschen, die keinen Zugang zu sauberem Wasser haben und die auch nicht genug zu essen haben. Aus diesem Grund sind Hilfsorganisationen wie »Brot für die Welt« entstanden. Würde sich die Autorität eines »Sohnes Gottes« nicht gerade darin erweisen, dass er in der Lage wäre, dieses Problem ein für alle mal aus der Welt zu schaffen, indem er einfach Steine in Brot verwandelt?

Doch Jesus antwortet der Stimme, die ihn da versucht, mit genau dem, woran er sich und sein Leben orientieren möchte: mit dem lebendigen Wort Gottes.

> *»Der Mensch lebt nicht vom Brot allein, sondern von einem jeglichen Wort, das durch den Mund Gottes geht.«*
> (Matthäus 4,4; vgl. 5. Mose 8,3)

»Ich lebe, ich bin der Sohn Gottes, weil Gott es selbst gesagt hat.« Das ist mehr als genug, dazu braucht es keine weiteren Beweise – das ist die Klarheit der Wüste! Das ist doch Schnickschnack, dass ich bei der erstbesten Verlockung den Weg verlasse, von dem ich erkannt habe, dass es mein Weg ist und dass es der Weg ist, der mir guttut. Das Gegenteil stimmt: Wenn Jesus tatsächlich der Sohn Gottes ist, dann erweist sich das nicht an ein paar Verwandlungstricks in der Wüste, sondern dann liegt viel mehr vor und in ihm.

Der Kirchenvater Augustin hat den menschlichen Willen einmal unterschieden in »cupiditas« und »voluntas«. Die

»cupiditas« ist die Begierde, die mich spontan befällt, wenn ich auf einmal Lust auf etwas bekomme oder habe. Alle Effekte und Mechanismen der Werbung apellieren an unsere Begierde, an die »cupiditas«, an den schnellen Kick, versprechen die kurzfristige Befriedigung. Diese Begierde steht jedoch oft im Widerspruch zur »voluntas«, zu dem, was wir eigentlich und grundsätzlich wollen.

Jemandem, der seine 85 Kilo halten will, kommt der Duft einer leckeren Speise in die Quere. Mit dem Duft kommt der Appetit und die Begierde, jetzt, obwohl es 20 Uhr 30 ist, diese Speise zu bestellen und sich mit einem guten Glas Wein einzuverleiben. Diese Begierde steht eindeutig im Widerspruch zu dem, was wir eigentlich wollen, zum Beispiel unser Gewicht zu halten und nicht zuzunehmen. Früher gab es diese Werbungen im Fernsehen, in denen eine Hausfrau vor der Entscheidung stand, welches Waschmittel sie verwenden sollte. Da tauchte dann rechts und links von ihr jeweils eine Stimme, eine Figur oder ein Engel auf, die versuchten, sie zu überzeugen.

> *Da führte ihn der Teufel mit sich in die heilige Stadt und stellte ihn auf die Zinne des Tempels und sprach zu ihm: Bist du Gottes Sohn, so wirf dich hinab, denn es steht geschrieben: »Er wird seinen Engeln deinetwegen Befehl geben, dass sie dich auf den Händen tragen, auf dass du deinen Fuß nicht an einem Stein stößt.«*
>
> (Matthäus 4,5–6)

Stürze dich von einem hohen Gebäude in die Tiefe und vertraue darauf, dass es Kräfte um dich und in dir gibt, die dich auffangen. Entdecke die Möglichkeiten!

Der alte Traum vom Fliegen wird hier aufgegriffen – wie im Märchen – und zu allem Übel wird der Teufel jetzt auch noch fromm (denn er hat ja bei seiner ersten Versuchung gemerkt, dass Jesus mit dem Wort Gottes argumentiert und sich gerade darin als Sohn Gottes erweist).

Seine Aufforderung macht ja zunächst wenig Sinn: »Wenn du der Sohn Gottes bist, dann stürze dich von diesem hohen Gebäude!« So ein Unsinn, warum sollte ausgerechnet der Sohn Gottes sich vom Tempel herabstürzen, warum sollte er fliegen können? Erst die fromme Begründung, erst die biblische Argumentation macht die Versuchung mehr oder weniger stimmig: »Wenn es stimmt, dass du der Sohn Gottes bist, dann kannst du dich fallen lassen – Gott wird alle ihm zur Verfügung stehenden Mittel aufbringen, dich zu retten.« Sehr klar und ohne zu zögern wischt Jesus diesen Unsinn vom Tisch. Der Sohn Gottes spricht das Wort Gottes:

> *»Du sollst den Herrn, deinen Gott, nicht versuchen!«*
> (Matthäus 4,7)

Diese Aussage hat einen doppelten und dreifachen Boden und heißt auch: »Du sollst mich, den Sohn Gottes, auch nicht versuchen!« Gott ist nicht für unsere Spielchen da. Er möchte, dass wir leben, dass wir aufatmen und dass wir die Möglichkeiten in unserem Leben entdecken: Es gibt so vieles, was in mir steckt, von dem ich noch nichts weiß. Die Zeit in der Wüste hilft mir, meine Lebensmöglichkeiten neu zu entdecken.

> *Darauf führte ihn der Teufel mit sich auf einen sehr hohen Berg und zeigte ihm alle Reiche der Welt und ihre Herrlichkeit und sprach zu ihm: Das alles will ich dir geben, wenn du niederfällst und mich anbetest.*
> (Matthäus 4,8–9)

Ha, jetzt ist die Katze aus dem Sack, die Spielereien sind vorbei und der Dämon setzt alles auf eine Karte und zeigt sein wahres Gesicht. Es geht um Macht und um die Frage: Wer hat Macht über Jesus?

Wer hat Macht über mein Leben? Stellen wir uns an den Eingang einer Bank und beobachten wir einmal, wie die Menschen (oder wir selbst) da rein und raus gehen – das hat liturgische Züge und zwischendrin findet die Textlesung statt. Und je nach dem, was da auf dem Auszug steht, gehen die Menschen erhobenen oder gebeugten Hauptes aus dem »Mammontempel«: Geld regiert die Welt!

> *Da sprach Jesus zu ihm: Weg mit dir, Satan! Denn es steht geschrieben (5. Mose 6,13): »Du sollst anbeten den Herrn, deinen Gott, und ihm allein dienen.« Da verließ ihn der Teufel. Und siehe, da traten Engel zu ihm und dienten ihm.*
> (Matthäus 4,10)

Entdecke die Möglichkeiten: Verschwendung! Sieben Wochen ohne Geiz, so hieß das Motto einer bundesweiten Fastenaktion. Dieses Motto ermutigt mich, einmal mit dem verschwenderisch umzugehen, womit wir sonst so geizen: Mit unserer Zeit, mit unserer Gastfreundschaft, mit Besuchen bei alten und kranken Menschen, mit unserer Hilfsbereitschaft. Wie würde sich unser Leben verändern, wenn wir sieben Wochen lang tatsächlich mal verschwenderisch (und zwar verschwenderisch im Bezug vor allem auch auf andere) leben würden?

Großzügigkeit kann man lernen 3

Großzügigkeit oder Großmut? In einem Gespräch mit dem Theologen Fulbert Steffensky und erzählte ich ihm, dass ich gerade an einem Buch über Großzügigkeit schreiben würde. Da hielt er inne und sagte: »Großzügigkeit – ein interessantes Thema, aber wäre ›Großmut‹ nicht der schönere Titel für ein Buch?« Ich fragte nach, wie er denn darauf käme, schließlich sei »Großzügigkeit« der wesentlich geläufigere Begriff. »Großmut« klinge zwar schöner und erhabener, aber auch ein wenig verstaubt. Er habe das einfach rein sprachlich und spontan so empfunden, dass »Großmut« irgendwie schöner und tiefgreifender sei, erwiderte er. Und so kamen wir mehr und mehr ins Gespräch und stellten dabei fest, dass der Begriff »Großmut« wohl stärker auf eine Herzensgesinnung abzielt und wohl eher in ideellen Zusammenhängen anzuwenden ist, während man bei materiellen Dingen tendenziell eher von »Großzügigkeit« sprechen kann.

Also der Klassiker: Im Restaurant, wenn es um die Rechnung geht, da ist man »großzügig«, wenn man zum Beispiel die anderen einlädt oder ein gutes Trinkgeld gibt. Im täglichen Einerlei und Klein-Klein einer Ehe wäre dann eher der Begriff »Großmut« anzuwenden, denn es hat etwas mit meiner innersten Einstellung zu tun, mit meiner Herzensgesinnung, wie ich dem oder der anderen begegne. Und es braucht mitunter Mut, über den eigenen Schatten zu springen, einen ersten Schritt zu tun und dem anderen zu verzeihen. Behalten wir diese Unterscheidung ruhig im Hinterkopf, denn die Ehe (oder eine lebenslange Partnerschaft) ist ein vortreffliches Lernfeld für Großzügigkeit und Großmut.

Wie gehen wir als Mann und Frau, wie gehen wir als Partner, die irgendwann einmal die Entscheidung getroffen haben, beieinander zu bleiben und miteinander durch dick und dünn zu gehen, miteinander um? Wie lernen wir voneinander? Und wie kann jener Prozess gelingen, von dem der jüdische Philosoph Martin Buber einmal gesagt hat: »Am ›Du‹ reift das ›Ich‹«? Denn nirgendwo sonst lassen wir einen Menschen so nah an uns heran wie in der Ehe. Das ist Segen und Drangsal gleichzeitig. Nirgendwo sonst können Menschen sich gegenseitig derart unterstützen oder eben auch aus der Fassung bringen. »Das haben Edelsteine und Menschen gemeinsam: Erst, wenn man sie aus der Fassung bringt, erkennt man ihren eigentlichen Wert!«, sagt ein Sprichwort und es stimmt. Ohne Großzügigkeit kann keine Lebensbeziehung gelingen. Wenn ich nicht in der Lage bin, ab und zu einmal »fünf gerade sein zu lassen«, wenn ich immer nur recht behalten muss und will, werde ich auf Dauer keine glückliche Ehe mitgestalten können. Immer wieder kommt es vor, dass meine Frau und ich in einen Streit geraten. Dabei geht es meist um Alltägliches, um den Haushalt oder um Verabredungen.

Wir sind Meister darin, uns schlecht zu verabreden. »Let's double-check!«, sagt unsere amerikanische Freundin Louise immer, wenn wir uns irgendwo auf der weiten Welt verabreden und miteinander vereinbaren, wann und wo wir uns treffen wollen. Das letzte Mal trafen wir uns als Paare in Rom und wann immer wir uns trennten und für den nächsten Tag verabredeten, sagte Louise diesen Satz: »Let's double-check!« – lasst uns jeder noch mal sagen, wie er oder sie diese Verabredung jetzt verstanden hat. Das versäumen meine Frau und ich regelmäßig und dann wartet der eine auf den anderen zu einem falschen Zeitpunkt an einem falschen Ort. Und dann gibt es hinterher Zoff – »Ich habe doch ganz klar und deutlich gesagt: Wir treffen uns um 17 Uhr *vor* der Buchhandlung und nicht *in* der Buchhandlung, wir haben auch nicht verabredet *ab* 17 Uhr, sondern *um* 17 Uhr!« Kleinkariert, ich weiß, aber wenn man sich schon so lange kennt und wenn man fehlgeschlagene Verabredungen einfach aus der Vergangenheit zur Genüge kennt und dann auch wieder hochkommen lässt, dann knallt es eben!

Ein Ehepaar sitzt sich im Restaurant gegenüber und schweigt sich an. Nachdem sie, nach drei Stunden, ohne wirklich miteinander zu reden, gegessen und getrunken haben, signalisiert der Mann der Bedienung, dass sie bezahlen wollen. Die Bedienung fragt: »Getrennt oder zusammen?« Daraufhin antwortet die Frau schnippisch: »Das geht Sie einen feuchten Kehricht an!«

Nun gibt es ja den biblischen Satz: »Lasst über eurem Zorn die Sonne nicht untergehen!« Also: Bitte versöhnt euch, bevor ihr schlafen geht. Das ist ein schöner Gedanke, aber als eingespieltes Paar lassen wir einander des Öfteren im Zorn verharren, im Vertrauen darauf, dass dieser über Nacht verraucht und morgen wieder ein neuer Tag ist. Damit das aber gelingt, muss ich lernen und einüben, dass zu einem Missverständnis und einem Streit immer zwei gehören und dass ich deshalb gut daran tue, die Sache einfach auf sich beruhen zu belassen. Ich kann und muss lernen, etwas einfach stehen zu lassen! Wenn der Zorn auf den anderen verraucht ist, kann ich nichts Blöderes tun, als den Streit vom Vortag wieder aufzuwärmen: »Ach, was ich übrigens zu gestern noch anmerken wollte…« Und »zack«, schon habe ich das Problem wieder da. Der Management-Trainer Jens Corssen fragte einmal in einem Vortrag: »Wollen Sie einen schönen

Tag mit Ihrem Partner verbringen oder recht behalten?« Wenn ich unbedingt recht behalten will, dann mache ich meine Ehe kaputt. Hier habe ich nun ein weites Feld für die Einübung von Großzügigkeit. Fragen Sie sich beim nächsten entflammenden und anstehenden Streit: »Worum geht es eigentlich? Wie sieht mein Anteil an dem Missverständnis aus? Warum haben wir nicht den ›double-check‹ gemacht? Möchte ich einen schönen Abend verbringen oder recht haben?« Versuchen Sie dann, einmal kräftig durchzuatmen und großmütig zu sein.

Wer die Augen offenhält,
dem wird im Leben manches glücken.
Doch noch besser geht es dem,
der es versteht, eins zuzudrücken.
(Johann Wolfgang von Goethe)

Wo drücken wir des Öfteren ein Auge zu? Ich denke da vor allem an unsere Kinder, an die Erziehung. Und hier tut sich wiederum ein wunderbar weites Lernfeld in Sachen Großmut auf. Das Wort ist hier wirklich angebracht, denn als Eltern braucht man Mut; den Mut zur Konfrontation, aber auch den Mut zum liebevollen Nachgeben und Nachdenken. Wenn der 17-jährige Teenager am Wochenende erst morgens um halb vier nach Hause kommt, statt wie vereinbart um zwei Uhr morgens, was machen Sie dann? Sie sagen zwar: »Wir hatten doch zwei Uhr vereinbart!«, aber dann drücken Sie ein Auge zu und gut ist's! Jemand, der 17 ist, wird bald 18 und dann ist er volljährig und voll und ganz für sein Leben verantwortlich, er ist voll rechtsfähig und kann auch im Sinne des Gesetzes zur Rechenschaft gezogen werden. Das bedeutet nicht, dass sich ein junger Erwachsener alles erlauben und herausnehmen kann, zumindest nicht, solange er oder sie Teil der familiären Hausgemeinschaft ist. Auch hier gilt es, die Balance zwischen großzügig und gutmütig genau auszuloten.

Immer wieder höre ich von Eltern, die von ihren mehr oder weniger erwachsenen Kindern tyrannisiert werden – da ist dann grundlegend etwas schiefgelaufen, da ist dann irgendwann das Gespräch miteinander und der herzliche Draht zueinander unterbrochen worden. Und natürlich kann und muss sich ein 20-Jähriger, der im Elternhaus wohnt, mit den gewachsenen Rechten auch an die gewachsenen Pflichten halten und gewöhnen. Und dann ist eine Tatsache, die bis dato selbstverständlich war, auf einmal als großzügig einzustufen, zum Beispiel, dass die Mutter die Wäsche wäscht, bügelt und in den Schrank legt. Das, was viele als »Hotel Mama« wertschätzen, ist großmütig und durch Liebe motiviert.

Wenn ich möchte, dass mein Kind Tischtennis spielen lernt, dann muss ich in ganz kleinen Schritten, gewissermaßen anfängerhaft mit ihm üben. Nach und nach gelingen die Bälle und die Schläge, aber auch dann muss ich in der Lage sein, ein Auge zuzudrücken. Wenn der Ball zum Beispiel zweimal aufdopst, sollte ich einfach fröhlich weiterspielen, um des gemeinsamen Spielens willen. Auch heute spielen wir als Familie immer wieder gerne alle möglichen Brett- oder Gesellschaftsspiele. Als unsere Kinder noch kleiner waren, mussten sie lernen, dass das Verlieren zu einem anständigen Spiel genauso dazugehört wie das Gewinnen. Allerdings habe ich sehr oft eine Auge zugedrückt, wenn ich merkte, dass eines der Kinder den Tränen nahe war oder sonst ganz einfach die Lust am Spielen verloren hätte. Dieser Preis war mir zu hoch, denn ich wollte ja mit den Kindern spielen.

Ich liebe diese Form des Beisammenseins. Da gibt es zum

Beispiel das Spiel »Mensch ärgere dich nicht«. Dieses Spiel heißt übrigens in der Schweiz bezeichnenderweise »Eile mit Weile«, doch bei uns ist der Ärger schon im Titel des Spiels angekündigt und somit vorprogrammiert. Nun gibt es Erwachsene, die wollen auch im Spiel mit Kindern um jeden Preis gewinnen, die können und wollen einfach nicht verlieren. »Sonst ist das Spiel ja witzlos«, höre ich dann immer. Finde ich nicht, ich finde »spielen um des Spielens willen« gerade in der Begegnung mit Kindern eine wunderbare Sache und ich habe kein Problem damit, zu verlieren. Meine Siege fahre ich gerne auf anderem Terrain ein. Natürlich freue ich mich, wenn ich auch einmal gewinne, aber ich muss nicht gewinnen. Und man kann viele Spiele durchaus so spielen, dass der oder die andere auch gut ins Spiel kommt und bessere Gewinnchancen hat. Gerade bei »Mensch ärgere dich nicht« habe ich oft mehrere Optionen, wie ich ziehen kann, ich muss nicht immer die brutalste wählen – ich kann üben, großzügig zu sein. Im Grunde bedeutet Großzügigkeit im Umgang miteinander, gerade in der Familie, dass man permanent im Gespräch bleibt und die Grenzen und Verabredungen immer wieder neu bedenkt, verhandelt und mit einem großmütigen Herzen zum Wohle aller festlegt.

Neulich begegnete ich beim Einkaufen einer älteren Dame, die mit einem ziemlich vollen Einkaufswagen vor der Kasse stand und einen nach dem anderen an sich vorbeiließ, mit den Worten: »Sie haben es doch bestimmt eiliger als ich, wenn Sie möchten, lasse ich Sie gerne vor!« Nachdem sie das bei mir und drei weiteren so gehandhabt hatte, sprach ich sie freundlich an: »Das ist aber sehr nett, was Sie da machen! Sie sind sehr großzügig!« Darauf erwiderte sie: »Ach, das ist doch nur eine Kleinigkeit, ich habe doch Zeit!« Ich dachte bei mir: Das könnte eine schöne Übung sein für jemanden, der Großzügigkeit lernen und einüben möchte. Stellen Sie sich mit ihrem gut gefüllten Einkaufswagen mal an die Kasse und lassen Sie anderen den Vortritt! Da werden Sie natürlich auch jenen begegnen, die das gar nicht wollen und die damit nicht umgehen können, dass ihnen jemand etwas schenkt, aber in der Regel werden Sie auf dankbare Zeitgenossen stoßen, die »nur mal schnell« eine Kleinigkeit einkaufen wollen.

Der Aktionskünstler Arno Backhaus, bekannt für seine Straßenaktionen, setzte sich eines schönen Tages in die Fußgängerzone einer größeren Stadt, hatte ein Bündel Zehn-Mark-Scheine vor sich platziert und ein Schild, auf dem (sinngemäß) stand: »Ich bin reich beschenkt und möchte Ihnen etwas schenken, bitte nehmen Sie sich einen Zehn-Mark-Schein!« Großzügig, finden Sie nicht? Das können Sie auch, Sie können ja mit Fünf-Euro-Scheinen beginnen. Zehn Fünf-Euro-Scheine, das sind 50 Euro, mit denen Sie zum einen Menschen beschenken und ein bisschen glücklich machen, und zum anderen ist es das Eintrittsgeld in eine bestimmt überaus interessante Stunde Ihres Lebens, in der Sie auf ungewöhnliche Weise mit wildfremden Menschen positiv in Kontakt kommen werden.

Das große Vaterherz

Während unserer Ausbildung zu Pfarrern und Pfarrerinnen der Evangelischen Kirche mussten wir als Vikare auch eine klinische Seelsorgeausbildung absolvieren. Im Rahmen dieser speziellen Ausbildungseinheit waren wir verschiedenen Kliniken zugeteilt, wo wir den dortigen Krankenhausseelsorgern zum einen »über die Schulter schauen« und zum anderen, sofern gewünscht, Gespräche mit den Patienten führen sollten. Ich war der Kerkhoff-Klinik in Bad Nauheim zugeteilt. Die Kerkhoff-Klinik war eine Herzklinik mit einem hervorragenden Ruf und dort gab es viele Patienten, bei denen eine Bypassoperation notwendig war, die in der Vor- oder Nachsorge waren, aber auch solche, die auf eine Herztransplantation warteten.

Ich erinnere mich an ein Gespräch, das ich an einem sehr schönen Frühsommernachmittag mit einem Patienten führte. Es war ein Mann, nennen wir ihn »Herr K.«, so um die 50 Jahre alt, der auf ein Spenderherz wartete. Während wir uns unterhielten, war er sehr unruhig, stand immer wieder auf und setzte sich wieder. Plötzlich hörte ich die Rotoren eines Hubschraubers über uns, der auf dem Dach der Klinik landete. Aufgeregt rannte Herr K. zum Fenster und starrte nach oben. Als ich ihn fragte, warum er denn so unruhig und so aufgeregt sei, strahlte er mich an: »Ja, wissen Sie das denn nicht? So lauschige Frühsommertage, an denen bei strahlend blauem Himmel die Sonne ihre erste Kraft entfaltet, sind ideale Tage für einen ersten Motorradausflug!« »Ja, und?«, erwiderte ich zunächst einmal ahnungslos, »Was macht Sie daran so unruhig? Sind Sie selbst Motorradfahrer und es pfupfert Sie? Wären Sie gerne dabei nach dem langen Winter?« Darauf Herr K.: »Nein, nein, Sie verstehen mich nicht. Wenn die Motorradfahrer nach einem langen Winter endlich wieder auf ihre Maschinen dürfen, dann sind sie ausgelassen und unvorsichtig. Da passieren die meisten Motorradunfälle! Bei vielen, die da zu Tode kommen, bleibt das Herz völlig unbeschädigt und damit wächst meine Chance, ein kräftiges Spenderherz zu bekommen!« Ich versuchte, den Mann zu verstehen, aber ich fand es schon irgendwie ziemlich gruselig, wie da jemand saß und sich auf einen tödlichen Motorradunfall freute.

»Herz zu verschenken?« Die Diskussion über Organspenden ist in vollem Gange und wenn es nach dem Willen unserer Politiker geht, soll demnächst jeder Bundesdeutsche die Frage, ob er oder sie bereit ist, Organspender zu sein, eindeutig mit »Ja« oder »Nein« beantworten. Ich persönlich bin da sehr zwiegespalten: Zum einen möchte ich natürlich gerne anderen helfen und wenn ich nach einem plötzlichen Unfalltod anderen helfen könnte, weiterzuleben, dann wäre das doch eine feine Sache. Andererseits: Wer garantiert mir, dass wirklich alles Notwendige zur Rettung meines eigenen Lebens getan wird, wenn ich einen Spenderausweis bei mir trage und ein vermögender Patient dringend auf ein Organ wartet, das man mir entnehmen könnte? Wir alle kennen die Berichte von skrupellosen Ärzten und mafiösen Machenschaften im Bereich Organhandel. Allerdings bin ich der Meinung, dass ein gesunder Mensch, der nicht bereit ist, im Fall seines plötzlichen Ablebens seine Organe zur Verfügung zu stellen, auch keine Berechtigung auf ein anderes Spenderorgan haben sollte. Und wie stehe ich nun dazu, einen Spenderausweis bei mir zu tragen? Ich bin zwiegespalten und habe es für mich noch nicht endgültig entschieden, ich merke nur, dass mein Leitspruch »Im Zweifelsfall: großzügig!« mich hier ziemlich herausfordert. Denn gerade beim Herzen geht es doch um viel mehr als nur um ein Organ. Es hängt viel mehr dran, weil das Herz ja in vielerlei Hinsicht eine doppelte und dreifache Rolle spielt. Das kennen wir aus vielen Redewendungen: »Etwas geht mir zu Herzen« oder »Ich fasse mir ein Herz« oder »Da hüpft mein Herz vor Freude«. Oder denken Sie an die Aktion »Ein Herz für Kinder«. Und wir »verschenken unser Herz« an andere Menschen, an unseren Lebenspartner und vor allem an unsere Kinder. Dazu erzählt Jesus ein Gleichnis:

> *Und er sprach: Ein Mensch hatte zwei Söhne. Und der jüngere von ihnen sprach zu dem Vater: Gib mir, Vater, das Erbteil, das mir zusteht. Und er teilte Hab und Gut unter sie. Und nicht lange danach sammelte der jüngere Sohn alles zusammen und zog in ein fernes Land; und dort brachte er sein Erbteil durch mit Prassen. Als er nun all das Seine verbraucht hatte, kam eine große Hungersnot über jenes Land und er fing an zu darben und ging hin und hängte sich an einen Bürger jenes Landes; der schickte ihn auf seinen Acker, die Säue zu hüten. Und er begehrte, seinen Bauch zu füllen mit den Schoten, die die Säue fraßen; und niemand gab sie ihm. Da ging er in sich und sprach: Wie viele Tagelöhner hat mein Vater, die Brot in Fülle haben, und ich verderbe hier im Hunger! Ich will mich aufmachen und zu meinem Vater gehen und zu ihm sagen: Vater, ich habe gesündigt gegen den Himmel und vor dir. Ich bin hinfort nicht mehr wert, dass ich dein Sohn heiße; mache mich zu einem deiner Tagelöhner! Und er machte sich auf und kam zu seinem Vater. Als er aber noch weit entfernt war, sah ihn sein Vater und es jammerte ihn; er lief und fiel ihm um den Hals und küsste ihn. Der Sohn aber sprach zu ihm: Vater, ich habe gesündigt gegen den Himmel und vor dir;*

ich bin hinfort nicht mehr wert, dass ich dein Sohn heiße. Aber der Vater sprach zu seinen Knechten: Bringt schnell das beste Gewand her und zieht es ihm an und gebt ihm einen Ring an seine Hand und Schuhe an seine Füße und bringt das gemästete Kalb und schlachtet's; lasst uns essen und fröhlich sein! Denn dieser mein Sohn war tot und ist wieder lebendig geworden; er war verloren und ist gefunden worden. Und sie fingen an, fröhlich zu sein.

(Lukas 15,11–24)

Die Erzählung von einem Vater, der ein großes Herz hat. Dieses Herz gehört seinen beiden Söhnen. Und als ein Sohn ihn bittet, ihm das Erbe auszubezahlen, fängt er nicht an zu diskutieren, sondern er teilt den Teil seines Vermögens, der seinen Söhnen zusteht, unter ihnen auf. Ja, richtig, und das wird oft übersehen: Auch der andere Bruder bekommt sein Vermögen ausbezahlt, kann darüber verfügen. Der Vater tut etwas Bewundernswertes: Er lässt los, zumindest äußerlich, er lässt seinen geliebten Sohn ziehen und ermöglicht ihm ein Optimum an Freiheit.

Als Vater eines heranwachsenden Sohnes weiß ich, wie schwer das ist: »Er ist doch gerade erst auf die Welt gekommen und jetzt macht er schon Abitur«, dachte ich neulich mal bei mir. Als wir noch keine Kinder hatten, hätte ich mir nie träumen lassen, wie sehr man sein Herz an die Kinder verliert. Es ist schwer, sie dann ziehen und eigene Wege gehen zu lassen. Und man liegt so manche Nacht wach und freut sich, wenn man (am Wochenende) irgendwann in tiefer Nacht die Tür hört und weiß: Er ist wieder heil zu Hause. Aber ich muss mir dann bewusst machen: Wie war es denn bei dir selbst, als du 17 warst? Naja, ganz ehrlich – ich bin damals zu Hause ausgezogen und mit 18 war ich, auch wirtschaftlich, schon komplett unabhängig. Diese Rückbesinnung hilft manchmal, die eigenen Kinder nun wirklich auch ihre eigenen Wege gehen zu lassen.

Ganz anders hier: Der Sohn will weg und der Vater lässt ihn ziehen. Das macht dieser Vater auf den ersten Blick äußerst souverän. Diese Großzügigkeit ist ein wunderbares Freiheitselement! Wer großzügig sein kann, lebt leichter, macht sich nicht zu viele Gedanken darüber, warum andere manches anders machen und lässt sich nicht so schnell herunterziehen von der Enge, die durch bestimmte Umstände oder persönliche Eigenschaften entstehen kann. In den Weisheitssprüchen Salomos lesen wir: »Einer teilt reichlich aus und hat immer mehr; ein anderer kargt, wo er nicht soll, und wird doch immer ärmer« (Sprüche 11,24).

Dabei kann man Großzügigkeit lernen. Wohl dem, der Freunde hat, die einem helfen, das zu lernen und einen mit hineinnehmen in die eigene Großzügigkeit. »Im Zweifelsfall: großzügig« ist ein wunderbares, freiheitliches Lebensmotto.

Der junge Mann aus der biblischen Geschichte war mit Sicherheit großzügig, vielleicht war die Großzügigkeit das wichtigste Erbe von seinem Vater, aber er war sicher auch grundnaiv. Zudem war er mit Sicherheit auch gutmütig, und diese Gutmütigkeit, das haben wir schon an anderer Stelle gesehen, kann dem Großzügigen zur Falle werden. In jedem Fall: Es kommt, wie es kommen musste. Das Geld geht zur Neige und mit dem Geld schwinden auch die Kontakte und die fröhlichen Events. »Loser« sind einsam, Verlierer haben etwas an sich, das ansteckend sein könnte. Und natürlich gilt Murphys Gesetz: Ein Unglück kommt selten allein. Eine Wirtschaftskrise ereilt das Land und die Wahrheit, ohne die die Freiheit nicht existieren kann, trifft ihn umso härter. Er hat seinen Weg in die Freiheit nicht nachhaltig angelegt und vorbereitet, sondern wie ein buntes Feuerwerk abgefackelt.

Und nun ist es wieder dunkel, dunkler als je zuvor. »Er hängte sich an einen Landbesitzer, um bei ihm die Schweine zu hüten …«

Das große Herz des Sohnes droht nun ein gebrochenes Herz zu werden. Der Drang nach Freiheit endet in einer noch größeren Abhängigkeit. Schon allein dieses Bild, wie er sich da an einen anderen Menschen hängt: Kleine Kinder machen das manchmal, wenn sie nicht wollen, dass man irgendwo anders hingeht. Dann hängen sie sich einem an die Beine, sodass man kaum noch laufen kann. Und nun erinnert er sich an eine verlorengegangene Freiheit – die Freiheit des Kindes, die Freiheit, die ihm ein liebender Vater einst gewährte. Eine Freiheit, die er damals, als er loszog, nicht zu schätzen wusste. Doch diese Freiheit scheint es nicht mehr zu geben, denn er hat sie ja verlassen. Er hat sich ja sein Erbe ausbezahlen lassen und die Freiheit, die er hatte, nicht wertgeschätzt. Doch gemäß dem Motto der Bremer Stadtmusikanten »Etwas Besseres als den Tod finden wir überall!« kündigt er dem fremden Landbesitzer. Und wieder überkommt ihn das Gefühl: »Da, wo ich bin, da will ich nicht sein!« Doch diesmal sind die Kosten viel höher als beim ersten Mal. Als er von zu Hause loszog, ging es ja lediglich darum, sich das Erbe vorzeitig ausbezahlen zu lassen und loszuziehen. Damals war er voller Hoffnung, ein neues, ein ganz anderes Leben beginnen zu können. Doch nun ist er bankrott, ein Habenichts, der nur noch eine einzige Lebensmöglichkeit erkennen kann, nämlich die Rückkehr in sein Elternhaus. Was für eine Schmach! Über wie viele Schatten er wohl springen musste, um seinen Stolz zu überwinden?

Er kehrt um und macht sich auf den Weg zu seinem Vater, einem Vater, der, wie sich herausstellt, sehnsüchtig wartet und seinen Sohn nicht aufgegeben hat. Es muss eine starke Verbindung zwischen Vater und Sohn gegeben haben, denn beide hatten ja Sehnsucht nacheinander. Und der Vater nimmt sich die Freiheit, auf seinen Sohn zu warten, egal wie dieser sich verabschiedet haben mag. Hier finden wir nun ein sehr schönes Bild für ein großes Herz und für die Großzügigkeit: Der Vater lässt seinen Sohn ziehen, einen großen Zug machen, sein Leben anders und groß denken, scheinbar größer als das »öde Landleben« auf dem Bauernhof. Er weiß, dass sein Sohn es großspurig liebt und deshalb lässt er ihm die große Spur, lässt ihn auf die Überholspur und kräftig Gas geben. Er hat ein weites Herz. Wie viele Auseinandersetzungen zwischen Eltern und Kindern scheitern bereits an diesem Punkt, an den Vorbehalten der erfahrenen Eltern? »Du wirst schon sehen, wohin das führt, aber dann brauchst du nicht mehr anzukommen …« Doch er darf ankommen, er darf seine eigenen Erfahrungen machen. Das ist das weite Herz des Vaters und dieses weite Herz gibt ihm die Freiheit, seinen Gefühlen freien Lauf zu lassen, seinem Sohn froh entgegenzugehen, froh darüber, dass das geliebte Kind lebt und wieder da ist. Da ist kein Stolz, keine verletzte Eitelkeit, die den anderen erst einmal schmoren lässt, bis der zerknirscht zugibt, dass der Vater ja recht hatte und so weiter.

Und der Sohn hat die Freiheit dessen, der nichts mehr zu verlieren hat. Er fällt auf die Knie und bietet seine Dienste als Diener an. Er kann sich nicht vorstellen, dass der Vater ihn weiter als seinen Sohn betrachtet, nach dem, was er sich geleistet hat. Er kommt nicht auf die Idee, womöglich die Gutmütigkeit seines Vaters auszunutzen, er weiß, dass sein Vater kein gutmütiger Trottel ist. Er hat viel zu viel Respekt vor ihm und vor der Erfahrung, dass dieser ihn einfach ziehen ließ. So cool der Vater auf den ersten Blick reagiert haben mag, als er seinen Sohn ziehen ließ, so sehr muss ihm das Herz geblutet haben. Deshalb wartete er voller Sehnsucht auf ein Lebenszeichen.

In dieser Freiheit begegnen die beiden einander völlig neu – beide erkennen auf ihre Weise die Wahrheit. Und die Wahrheit ist, dass sie einander lieben und einander verzeihen wollen. Dem anderen zu verzeihen, ihn aus der Schuld zu entlassen in eine neue Beziehung, das ist die wunderbare Freiheit des Evangeliums. Und da, wo die Freiheit spürbar und erkennbar wird, da gibt es ein Fest, ein Fest der Liebe und der Versöhnung. Und auch hier spielt die Großzügigkeit, der Schmuck der Freiheit, eine wichtige Rolle. Großzügig lässt der Vater seinen verloren geglaubten Sohn neu einkleiden und stellt auch (durch einen Siegelring) die Würde seiner Sohnschaft wieder her.

Wer die Freiheit hat zu gehen, hat vielleicht auch Lust zu bleiben.
Nur wer keine Fesseln spürt, fühlt sich wirklich frei.
Wer die Freiheit hat zu gehen, hat vielleicht auch Lust zu bleiben
und fühlt sich nicht eingeengt und bleibt vielleicht dabei.

Das große Vaterherz Gottes ist das Thema dieses Gleichnisses: Gott lässt uns seit Adam und Eva frei ziehen, lässt uns unsere eigenen Erfahrungen machen und auch ihm blutet manchmal das Herz, weil er innerhalb dieser Freiheit und Großzügigkeit Dinge beobachten und ertragen muss, die so nie gedacht waren. Warum lässt Gott das zu? Die wohl meistgestellte Frage mündet in vielen Fällen in die schlichte Erkenntnis: »Weil er den Menschen zulässt, mit seinem freien Willen und seiner Möglichkeit, sich permanent gegen den Vater zu entscheiden!« Und trotzdem bleibt er der liebende Vater, bleibt da das liebende Vaterherz, das sehnsüchtig darauf wartet, dass wir uns ihm zuwenden und zu ihm zurückfinden.

Dem steht die Enge und der Neid des zu Hause gebliebenen Sohnes diametral entgegen und es wäre ungerecht, nur vom »zurückgebliebenen Sohn« im mehrfachen Sinne zu sprechen. Zu gut können wir seinen Ärger und seine Verbitterung nachvollziehen. Er beschwert sich bei seinem Vater: »Wie kannst du für diesen Taugenichts jetzt auch noch ein Fest geben und so tun, als wäre nichts gewesen?« Was tun wir, wenn wir uns beschweren? Wir beschweren uns, wir machen uns selbst das Leben schwerer. Sicher, wir schaffen uns erst einmal Luft. Lassen erst einmal Dampf ab. Aber dann beschweren wir uns weiter, sind nachtragend. Auch dieses Wort ist entlarvend, denn wir machen unser Leben ja dadurch nicht einfacher, sondern schwerer. Die Großzügigkeit kann uns helfen, loszulassen, dem anderen nichts mehr nachzutragen, wir haben doch schon genug an unserem eigenen Päckchen zu tragen. Auf die Dauer ist es unklug, sich ständig zu beschweren und dem anderen etwas nachzutragen.

Der Bruder ist richtig sauer und das ist absolut verständlich. »Der da hat sein Erbe verschleudert und hat jetzt die Stirn, hier wieder aufzutauchen. Ich habe hier die ganze Zeit die Stellung gehalten und es mir verkniffen, mit meinen Freunden mal ein Fest zu feiern und eine unserer Ziegen zu schlachten und was habe ich nun davon? Du belohnst den Treulosen, den Herumtreiber, den Nichtsnutz, der es wagt, nach Hause zu kommen!« Auch das ist die Wahrheit und dieser Wahrheit stellt sich der Vater auch, aber diese Wahrheit wird überlagert und überwältigt von der Freude, von seiner Liebe und von seiner Großzügigkeit: »Freu dich doch mit uns, dein Bruder war verloren und ist jetzt wieder da. Du hättest die ganze Zeit die Freiheit gehabt, mit deinen Freunden ein Tier zu schlachten und ein Fest zu feiern, eine nachhaltige Freiheit, die dein Bruder lange entbehren musste. Glaube mir, er hat seine Lektion gelernt.«

Erinnern wir uns, das ist nicht nur eine Floskel des Vaters. Er hatte das Erbe aufgeteilt unter den Söhnen. Der zweite Sohn hätte die ganze Zeit frei darüber verfügen können und es war wohl sein ureigenster Entschluss, sein Kapital im elterlichen Betrieb zu belassen. Ob der zu Hause gebliebene Bruder sich nun anstecken ließ von der Großzügigkeit des Vaters oder ob er sich rechthaberisch und schmollend zurückgezogen hat, aus der Freiheit der Liebe zurück in die Enge des Neids, wird nur angedeutet. Viele Familien sind daran zerbrochen, dass man einander nichts gegönnt hat und dass es zum Beispiel beim Antritt eines Erbes zu entsetzlichen Streitigkeiten gekommen ist, bei denen alles Wesentliche verloren ging.

Das lasse ich mir gefallen!

Ein langjähriger Freund hatte ein äußerst charismatisches Verhältnis zu Finanzen, um es einmal vorsichtig auszudrücken. Mein Freund und seine Frau (ebenfalls eine Freundin natürlich) waren äußerst großzügige und gastfreundliche Menschen. Sie waren für uns als Paar lange auch ein Vorbild dafür, wie man spannend und fröhlich zusammenleben kann. Es gab lange, wunderbare Kaminabende und gute Gespräche. Doch irgendwann hatte er begonnen, über seine Verhältnisse zu leben und mehr Geld auszugeben, als sie hatten. Er begann, sich Geld bei Freunden und Bekannten zu leihen, auch bei mir. Und irgendwann merkte ich, dass dieser Freund nicht mit offenen Karten spielte – mir gegenüber nicht und auch nicht seiner Frau gegenüber. Wenn ich ihn zur Rede stellte, dann wich er aus, machte irgendwelche Witze und vertröstete mich, dass ich ja mein Geld wiederbekommen würde (habe ich dann auch irgendwann), ich solle nur seiner Frau nichts von seinen Schulden bei mir erzählen. Obwohl alle Alarmlampen bereits auf rot geschaltet hatten, ließ ich ihn mehr oder weniger in Ruhe. Doch es zeigte sich bald, dass er nicht nur in Sachen Finanzen ein Kartenhaus aufgebaut hatte, sondern dass er auch in seinem Privatleben experimentierte. Beruflich war er sowieso unzufrieden und strebte nun, weil er ein heller Kopf war, eine akademische Karriere an. Irgendwann hatte er einfach zu viele Bälle in der Luft und das Ganze stürzte in sich zusammen.

Eines Tages quollen aus meinem Faxgerät mehrere Seiten von Bankunterlagen, die mir dieser Freund zukommen ließ. Aus diesen Unterlagen ging hervor, dass die beiden mit einer einmaligen Zahlung von 10 000 DM (ist schon etwas länger her) bei der Bank einen Schuldenschnitt machen könnten. Da ich längst nicht mehr wusste, was ich glauben sollte und was nicht, rief ich seine Frau an und sie bestätigte mir, dass sie mit dieser einmaligen Zahlung endlich einen Schlussstrich ziehen könnten. Ich versprach ihr, irgendwie zu helfen und sie bat mich, einen möglichen finanziellen Transfer über sie laufen zu lassen, damit das Geld auch wirklich da lande, wo es hinmüsse.

Meine Frau und ich einigten uns, dass wir bereit wären, 2000 DM zu geben, wenn wir noch vier andere Wegbegleiter finden würden, die bereit wären, mit einzusteigen. Innerhalb kürzester Zeit hatte ich vier weitere Menschen gefunden, die bereit waren, 2000 DM zu verschenken und hier einer Familie ganz konkret zu helfen. Das fand ich äußerst großzügig und ich war wirklich überrascht und beschämt, denn da waren auch zwei Leute dabei, die wirklich an ihre Reserven gegangen waren, »um der alten Zeiten willen!«

Unsere Freundin war überwältigt, sie wusste gar nicht, was sie sagen sollte. Sie konnte das Geld nehmen und innerhalb der von der Bank gesetzten Frist den ausgehandelten Schuldenschnitt vollziehen. Mein alter Freund war sauer. Er hätte mich nicht gebeten, ihm zu helfen, war seine Reaktion. Kein »Danke«, kein »Wahnsinn, ach wie toll!«, sondern nur der Vorwurf, ich hätte ihn übergangen. Für mich ein typischer Fall von Wahrnehmungsstörung. Hier war ein Mensch ganz offensichtlich nicht in der Lage, sich die Großzügigkeit von anderen gefallen zu lassen. Wir haben uns dann noch einmal getroffen, aber die Kommunikation war gestört.

Bin ich bereit, mir die Großzügigkeit von anderen gefallen zu lassen oder gehöre ich zu den Menschen, die sich nichts schenken lassen, weil sie sich sonst in der Pflicht fühlen, ebenfalls großzügig sein zu müssen? Als ich konfirmiert wurde, war ich total verliebt in ein gleichaltriges Mädchen aus unserem Ort. Am Tag der Konfirmation ging ich mit roten Ohren bei ihr zu Hause vorbei und brachte ihr ein Geschenk, das ich liebevoll ausgesucht hatte, und eine von mir handgeschriebene Glückwunschkarte vorbei. Ich gab es ab, erhaschte noch ein Lächeln der Angebeteten und machte mich auf den Nachhauseweg. Zu Hause angekommen dauerte es keine Viertelstunde, da klingelte es an der Haustür und der kleine Bruder meiner Mitkonfirmandin brachte einen zugeklebten Umschlag vorbei. Als ich den Umschlag öffnete, befanden sich darin eine Nullachtfünfzehn-Grußkarte und 10 DM. »Nur nichts schenken lassen!« Für mich hat das mein Geschenk, das ich ihr einfach so machen wollte, entwertet. Von John Steinbeck gibt es den Satz: »Leicht ist es, zu geben, aber nur große Menschen haben den Mut, Freundlichkeit und Großzügigkeit anzunehmen.«

Braucht es wirklich Mut, die Freundlichkeit und Großzügigkeit anderer anzunehmen? Nun, ich denke, in bestimmten Situationen schon, denn ich schlage ja mit meiner »Zugewandtheit« gewissermaßen eine Brücke zu dem anderen, oder um ein anderes Bild zu gebrauchen: Ich öffne eine Tür für den anderen und es braucht manchmal Mut, der Brücke oder der Tür zu vertrauen, dass es hier wirklich jemand richtig gut mit mir meint, ohne Hintergedanken, ohne weitere Verpflichtungen oder komische Gefühle. Allerdings macht es auch die Qualität einer Freundschaft aus, dass man, wenn man sich bei einem erhaltenen Geschenk unwohl fühlt, dies sagen und thematisieren kann. Ich bin umgeben von großzügigen Menschen und es gibt durchaus Situationen, in denen ich mir erlaube, noch einmal nachzufragen: »Meinst du das wirklich ernst? Ist das nicht ein bisschen zu viel?« Meist geht es dabei gar nicht um Materielles, oft hat diese Großzügigkeit mit Zeit, Engagement und Gastfreundschaft zu tun. Und doch, da taucht er wieder auf, der Begriff »Großmut«, nun aber von einer anderen Seite, von der Seite des Empfängers gedacht und formuliert.

Einen Antrag auf Erteilung ...

Selbst der Bau eines Kindergartens wird zum bürokratischen Hürdenlauf. Die Gemeinde baut, dann kommt das Kreisjugendamt und bestimmt, in welcher Höhe die Kleiderhaken hängen müssen, und schließlich muss die Bezirksregierung das Ganze noch abnehmen.

Einer der großen bürokratischen Klötze an den Beinen der Gemeinden ist die BASS. In der »Bereinigten Amtlichen Sammlung von Schulvorschriften« ist geregelt, wie viele Lehrkräfte eine Schulklasse beim Schwimmen begleiten und welche Helme Schüler beim Schlittschuhlaufen tragen müssen. Inzwischen gibt es so viele Vorschriften, dass die Verantwortlichen den Überblick verloren haben.

Ein anderes Beispiel: Im Emsland konnte eine Heilpraktikerin ihre Praxis nicht eröffnen, weil sie eine behindertengerechte Toilette hätte einbauen müssen. Ihr Argument, dass sie behinderte Menschen nicht in der Praxis, sondern in deren Wohnung behandle, verpuffte vor den Bestimmungen des Baurechts.

70 000 Gesetze und Verordnungen beschäftigen nach Angaben des BMWA (Bundesministerium für Wirtschaft und Arbeit) die Unternehmen in Deutschland. Ein mittel ständisches Unternehmen mit 500 Beschäftigten muss sich nach Angaben der Bertelsmann-Stiftung mit durchschnittlich 30 Krankenkassen auseinandersetzen. Dazu kommt noch der Papierkrieg mit den Berufsgenossenschaften, der Bundesversicherungsanstalt, den Landesversicherungsanstalten, der Arbeitslosenversicherung, statistischen Meldungen an die Kammern, Landesbehörden und Finanzämtern.

Dass auch Fachleute nicht mehr durchblicken, beweist die Umfrage einer Stiftung bei den 16 Bundesländern. Nur fünf Landesregierungen wussten überhaupt, wie viele Gesetze und Verordnungen sie verwalten. Sachsen meldete 770, Bayern 1539. Dort fand sich sogar eine Gemeinde, die eine Beschattungsabgabe erhebt. Eine Ladeninhaberin sollte 35 Euro bezahlen, weil ihre Markise in den bayerischen Luftraum ragt.

Apropos »Beschattungsabgabe«: In seinem Buch »Raumübergreifendes Großgrün« hat der Autor Hinrich Lührssen einen »kleinen Übersetzungshelfer für Beamtendeutsch« geschrieben (Rowohlt, Hamburg 2010). Wobei schon der Titel etwas ganz Alltägliches so umständlich beschreibt, dass man nur den Kopf schütteln kann: Ein »raumübergreifendes Großgrün« ist nämlich schlicht und ergreifend ein Baum. Hätten Sie gedacht, dass eine »Personenvereinzelungsanlage« keineswegs eine Vorrichtung zur Scheidung verheirateter oder zusammenlebender Menschen, sondern schlicht und ergreifend ein Drehkreuz ist? Besonders schön finde ich auch den Unterschied zwischen einer »lebendigen Einfriedung« und einer »toten Einfriedung«. So war in einem offiziellen Gesetzestext zu lesen: »Einfriedungen entlang den öffentlichen Verkehrsflächen sind nur in lebendiger Form zulässig. Tote Einfriedungen werden nur in Verbindung mit lebendigen Einfriedungen gestattet« (ebenda S. 68). Auf gut Deutsch: An öffentlichen Straßen soll es nur Hecken geben dürfen (Hecke/Sträucher = »lebendige Einfriedung«), wenn man Zäune (Zaun = »tote Einfriedung«) anbringen möchte, dann nur in Verbindung mit Hecken! Angesichts von immer mehr um sich greifenden Windkraftanlagen hatten einige Gemeinden versucht, eine »Landschaftsbildbeeinträchtigungssteuer« einzuführen. Dies wurde jedoch schließlich von der obersten Behörde untersagt (ebenda S. 110).

Auch in der Bibel und hier besonders im Alten Testament finden wir ein großes Rechtswerk – eine Fülle von Gesetzen und Verordnungen, aus denen ein eigener jüdischer Gesetzeskodex entstanden ist, die sogenannte *Halacha*. Die Folgerungen und Konsequenzen aus den jüdischen Schriften wie dem Talmud und weiterführende Kommentare der Rabbiner bilden dieses Regelwerk der jüdischen Religion. Es wird ständig durch neue Entscheidungen ergänzt – besonders zu Problemen, die es in der Vergangenheit noch nicht gab (zum Beispiel Genmanipulation oder Organverpflanzung). Die Halacha enthält genaueste Anleitungen zu allen Bereichen des Lebens, die nach jüdischem Glauben befolgt werden müssen.

Das Wort Halacha ist das hebräische Wort für Gehen, Wandeln und meint als solches teilweise auch den Lebenswandel oder das Verhalten, vor allem das redliche oder angemessene Verhalten. Der Begriff umschreibt die juristische Seite des Judentums, also das gesamte rechtliche System. Jedoch ist die Halacha immer Rechtspraxis und befasst sich mit konkreten Fragen und nicht mit allgemeiner Rechtsdogmatik. Die Halacha ist angewandtes Recht. Die Halacha umfasst Ge- und Verbote der mündlichen und schriftlichen Überlieferung und regelt auf diese Weise sämtliche persönlichen, sozialen, nationalen und internationalen Beziehungen und alle sonstigen Verhaltensanforderungen des Judentums.

Nach traditioneller Ansicht ist das Recht nicht historisch gewachsen, sondern wurde in einem einmaligen Schöpfungsakt durch Gott festgeschrieben. Es wurde Mose auf dem Berg Sinai offenbart. Dieses Gesetz soll ein Buch bestehend aus 613 Geboten und Verboten sein. Dieses göttliche Recht ist als Rechtsfiktion zu betrachten, gibt der einzelnen Halacha, die sich auf sie berufen kann, jedoch eine unumstößliche Gültigkeit. Gemeint sind die fünf Bücher Mose der Bibel, die später die Thora bildeten.

Was die Beziehung des jüdischen Rechts zu den konkurrierenden Rechtsordnungen angeht, war es einem Juden grundsätzlich nicht erlaubt, von anderen Gerichtsbarkeiten Gebrauch zu machen. Dieses Verbot wurde strikt gehandhabt. Eine andere rechtliche Autorität als die jüdische anzuerkennen, kam der Negierung Gottes und seiner göttlichen Ordnung gleich. Ausnahmen wurden nur in sehr begrenztem Umfang gemacht.

Derzeit blüht die halachische Gelehrsamkeit in den USA und Israel. Große Institute und Archive sind vor allem im orthodoxen und konservativen Judentum damit befasst, aus der riesigen Fülle des überlieferten und kommentierten Gebotsmaterials Antworten für Menschen und Institutionen (zum Beispiel Krankenhäuser, Transplantationszentren, Familiengerichte) in einer völlig veränderten, technisierten Welt zu entwickeln. Seit geraumer Zeit betreibt auch das liberale Judentum eine progressive Halacha. Dürfen Frauen Rabbinerinnen werden? Ist es im Einklang mit der Tradition, wenn ein Mann sich sterilisieren lässt? Darf am Sabbat ein elektrisches Hörgerät eingeschaltet werden? Darf sich eine Frau scheiden lassen und nicht nur der Mann? Darf man Tiere oder Pflanzen kreuzen?

Und immer wieder wird dabei versucht, auf die gebietende Stimme vom Sinai zu hören. Was heißt nun ›keinen anderen Göttern dienen‹, ›den Namen Gottes nicht missbrauchen‹? Soll man für die Heiligung des Namens Gottes das Leben geben? (Die Spur jüdischer Märtyrer in der Geschichte des Abendlandes ist unübersehbar!) Verlangt Gott bedingungslosen Pazifismus? Fragen über Fragen, nicht enden wollende Verstehensversuche, Positionen und Widerrede sind aus dieser Lebensdiskussion erwachsen.

Im Neuen Testament lesen wir des Öfteren, dass Jesus mit den Schriftgelehrten diskutiert hat – dabei ging es immer um die Halacha, um die aktuelle Auslegung des jüdischen Gesetzes. Ein besonders gutes Beispiel ist die folgende Erzählung:

> *Und es begab sich an einem Sabbat, dass er (Jesus) durch ein Kornfeld ging; und seine Jünger rauften Ähren aus und zerrieben sie mit den Händen und aßen.*
> (Lukas 6,1)

Damals wie heute war das nicht gerne gesehen, denn als die Pharisäer das sahen, sagten sie zu Jesus: »Schau doch hin: Deine Jünger machen etwas, das am Sabbat nicht erlaubt ist.« Sie bezogen sich dabei unter anderem auf die zehn Gebote, wo es heißt: »Am siebten Tag, also am Sabbat, sollst du keine Arbeit tun.« Und schon merken wir, wie es in uns brodelt: »Ähren ausraufen, das ist doch keine Arbeit, das ist doch wie Kirschkernweitspucken und Apfelwein trinken …« Und wir merken sofort, warum die jüdischen Schriftgelehrten bis auf den heutigen Tag immer so viel diskutieren: Wenn man es dem Herrgott tatsächlich in allen Lebensbelangen recht machen will, dann wird's kompliziert …

Aber Jesus wusste, wie das Ganze funktionierte und stieg ein in die Diskussion: »Habt ihr nicht gelesen?« Das bedeutet so viel wie: Ihr seid doch kluge Männer, ihr nennt euch doch Schriftgelehrte, habt ihr etwa eure Hausaufgaben nicht gemacht? Habt ihr das nicht gemacht, was eure wichtigste Vorbereitung sein sollte, bevor ihr euch in eine (noch dazu öffentliche) Diskussion begebt: Habt ihr etwa nicht gelesen? Ein gekonnter und provokativer Schachzug Jesu.

Und Jesus antwortete und sprach zu ihnen: Habt ihr nicht das gelesen, was David tat, als ihn hungerte, und die, die bei ihm waren? Wie er in das Haus Gottes ging und die Schaubrote nahm und aß, die doch niemand essen durfte als die Priester allein, und wie er sie auch denen gab, die bei ihm waren?

(Lukas 6,3–4)

Wenig später besuchte Jesus eine Synagoge und dort war ein Mensch mit einer verkrüppelten Hand. Und da fragten ihn die Schriftgelehrten doch tatsächlich: »Ist es auch okay, am Sabbat zu heilen?« Ich glaube, dem Kranken war es komplett egal, ob Sabbat oder sonst ein Tag war. Stellen Sie sich das doch einmal vor – Sie sitzen da mit einer schlimmen Krankheit und dann kommt einer vorbei, von dem sie sagen, er könne alle Krankheiten heilen und dann tut er es nicht, weil ein besonderer Feiertag ist! Diesmal antwortete Jesus mit einem Beispiel aus dem ganz praktischen Leben einer landwirtschaftlich geprägten Gesellschaft:

»Stellt euch vor, ihr habt nur ein einziges Schaf und ausgerechnet das fällt in ein Loch. Wenn ihr es nicht rettet, dann stirbt es in der sengenden Sonne, da aber Sabbat ist, dürft ihr es eigentlich nicht retten – was tut ihr? Ihr werdet doch außerdem zugeben, selbst wenn ihr behaupten solltet, ihr würdet euer Schaf lieber sterben lassen, dass ein Menschenleben noch viel mehr wert ist, als das eines Schafes! Somit ist es erlaubt, am Sabbat Gutes zu tun.« Im Zweifelsfall: großzügig! Wir sind hier mitten in einem Halacha-Diskurs – manche jüdische Bauern hatten nichtjüdische Angestellte, die dann sehr wohl am Sabbat etwas tun und arbeiten durften und mussten. Und die konnten natürlich dann auch ein Schaf aus dem Loch befreien.

Ein Beispiel aus der Moderne: Für Krankenhäuser wurden die medizinischen Apparate so entwickelt, dass man am Sabbat die Geräte nicht selbst einschaltete, sondern einen Schalter betätigte, der zeitverzögert wiederum einen Schalter in Gang setzte, der die Maschine dann zum Laufen brachte. So sahen die Gelehrten das Sabbatgesetz gewahrt. Für einen Außenstehenden wirkt das wie Haarspalterei. Für Jesus im Übrigen auch, man hat den Eindruck, dass Jesus diese Enge und dieses ständige Starren auf Verordnungen und diese permanente Angst, etwas falsch zu machen, fast als Blasphemie, als Gotteslästerung empfunden hat. Und so hört man ihn beim Evangelisten Markus sagen: »Der Sabbat ist um des Menschen willen gemacht und nicht der Mensch um des Sabbats willen.« Ein wunderbarer Satz, den Sie heute in vielen Abwandlungen hören können.

Manchmal, wenn wir im Winter eine Kirche betreten und der Küster kommt uns freudestrahlend entgegen und verkündet, man habe die Kirche auf 16 Grad »hochgeheizt« – höher ginge es leider nicht, wegen der Orgel – dann entfährt mir schon mal der Satz: »Ja, ja, der Mensch ist um der Orgel willen gemacht und nicht die Orgel um des Menschen willen«. Sollen die Leute ruhig frieren – Hauptsache, die Orgel bleibt wohltemperiert.

Jesus appelliert an das Herz und an den gesunden Menschenverstand, nachdem er kurz zuvor in der sogenannten Bergpredigt das mosaische Gesetz scheinbar ad absurdum geführt hat:

> *Ihr habt gehört, dass gesagt ist: »Auge um Auge, Zahn um Zahn.« Ich aber sage euch, dass ihr nicht widerstreben sollt dem Übel, sondern: Wenn dir jemand auf deine rechte Backe schlägt, dem biete die andere auch dar.*
>
> (Matthäus 5,38–39)

Viele halten diesen Satz für eine große Dummheit – es verbirgt sich jedoch bei genauerem Hinsehen dahinter eine große Weisheit: Normalerweise, wenn man jemanden aus dem Affekt schlägt, würde man mit der rechten Hand zuschlagen. Indem ich nun nicht sofort zurückschlage, sondern die andere Wange hinhalte, »zwinge« ich den anderen, von links (auch wenn man mit der Rückhand schlägt, muss man von links ausholen), also von der Herzensseite aus, zu schlagen und vielleicht innezuhalten und zu überdenken: Moment, was tue ich hier eigentlich? Ich versuche, im frühestmöglichen Stadium den Kreislauf von Gewalt und Gegengewalt zu durchbrechen.

Ihr habt gehört, dass gesagt ist: »Du sollst deinen Nächsten lieben und deinen Feind hassen.« Ich aber sage euch: Liebt eure Feinde und bittet für die, die euch verfolgen!
(Matthäus 5,43–44)

Jesus sagt das nicht nur, sondern er selbst hat das gelebt und praktiziert. Das Vorbild der Liebe und des Herzens gipfelt in dem Satz Jesu am Kreuz: »Vater, vergib ihnen, denn sie wissen nicht, was sie tun!« Wir hören diesen Satz: »Liebt eure Feinde, segnet, die euch verfluchen, tut Gutes denen, die euch hassen« und alles in uns bäumt sich auf: Das kann doch kein Mensch, niemand kann seine Feinde lieben. Das ist zu großzügig, vielleicht ist es auch gar nicht großzügig, sondern einfach nur weltfremd und dumm.

Mitten hinein in unser Diskutieren und Hadern über das, was möglich und nicht möglich ist, sagt Jesus wiederum an anderer Stelle:

Dem, der glaubt, sind alle Dinge möglich.
(Markus 9,23)

Nichts ist unmöglich … Toyota hat dieser Satz gefallen. Ja, das ist doch das Aberwitzige: Den Kirchen laufen die Leute davon, weil die Menschen den Eindruck haben: »Das alles sagt mir nichts mehr«, und ausgebuffte Werbemanager nehmen die Aussagen der Bibel, münzen (oder besser gesagt »scheinen«) sie um auf ihr jeweiliges Produkt und machen damit Milliardenumsätze – eben weil sie wahr sind, diese Aussagen. »Alle Dinge sind möglich dem, der da glaubt!« Jesus ermutigt die Menschen, die ihm nachfolgen, zur Großzügigkeit, er ermutigt sie, groß zu denken. Davon lebt der Glaube, dass er über sich hinauswächst und groß denkt.

Es ist für mich faszinierend zu sehen, wie Jesus mitten in der Bergpredigt seine Freunde beiseite nimmt und ihnen das »Vaterunser« beibringt. Er sagt damit: »Da, wo du an deine Grenzen gerätst, da, wo du sagst: ›Hier geht es nicht weiter!‹, da kannst du vor Gott, den Schöpfer des Kosmos treten und ihn ganz persönlich mit ›Vater‹ ansprechen. ›Dein Reich komme. Dein Wille geschehe‹ – Lieber Gott, komme Du mit Deinen Möglichkeiten in meine begrenzte Welt und erneuere mein Herz.« Und dann wird der Glaube und unser Christ-Sein auf einmal etwas ungeheuer Spannendes – ich werde zum Überschreiter meiner eigenen Grenzen, ich bleibe nicht bei dem stehen, was ich habe und kann, bleibe nicht stehen bei irgendwelchen Regeln und Verordnungen, sondern lerne, der Liebe und meinem Herzen zu folgen: Jesus hinterher und im Zweifelsfall: großzügig!

Machtspiele

Zu uns kam regelmäßig die mit uns befreundete Frau E. und half uns im Haushalt. Als das mit einer gewissen Regelmäßigkeit geschah, wollten wir sie ganz ordentlich und offiziell mit einem Arbeitsvertrag anstellen. Also rief ich bei dem für uns zuständigen Arbeitsamt Mörlenbach an und telefonierte mit dem Sachbearbeiter Herrn H. Ich schilderte ihm unsere Situation und sagte, dass wir Frau E. gerne offiziell als Haushaltshilfe anmelden wollten. Darauf fragte er mich: »Arbeitet sie bereits bei Ihnen?« und ich beantwortete diese Frage ahnungslos mit »Ja!«, daraufhin erwiderte Herr H.: »Dann zeige ich Sie an!« Ich war sprachlos. Da hatte ich mich, mit dem Wunsch, mich gesetzestreu zu verhalten, an einen zuständigen Beamten gewandt und dieser hatte nichts Besseres zu tun, als mich anzuzeigen. Das Ganze endete mit 1000 DM Strafe, die wir zahlen mussten. Das völlig unflexible Vorgehen des Herrn H. ist für mich zum Musterbeispiel für kleinkariertes Verhalten geworden – Menschen, die nicht den Kontext sehen, die nicht berücksichtigen, dass man es ja richtig machen möchte, und die die Tatsache, dass man sich hilfesuchend an sie wendet, »ausnutzen«, um einen anzuzeigen. Das kommt einem vor wie der Nachbar, der alle Kennzeichen aufschreibt und alle anzeigt, die vor seinem Haus falsch parken.

Ein befreundeter Musiker musste dringend mit dem Zug von A nach B und hatte es sehr eilig. Der Kartenautomat, an dem er ein Ticket lösen wollte, akzeptierte keine Münzen und die beiden Geldscheine, die er einschieben wollte, spuckte der Automat immer wieder aus. Die Zeit lief davon. Da wandte er sich an einen der beiden Sicherheitsbeamten, die neben dem Automaten standen und erklärte ihnen seine Not: »Ich würde gerne ein Ticket lösen, aber Sie sehen ja, es geht nicht! Was geschieht, wenn ich das Ticket erst im Zug löse?« Daraufhin erwiderte der Sicherheitsbeamte: »Wenn Sie den Zug ohne Fahrkarte betreten, nehme ich Ihnen 40 Euro Strafe ab!« Entsetzt erwiderte der Musiker: »Was, das können Sie doch nicht machen, Sie sehen doch, dass der Automat mein Geld nicht nimmt! Da muss es doch eine flexible Lösung geben!« Daraufhin der Beamte: »Wenn Sie den Zug ohne Fahrkarte betreten, nehme ich Ihnen 40 Euro Strafe ab!«

Jemand hat mal gesagt: »Gib dem Deutschen eine Ordnerbinde und du erkennst seinen wahren Charakter!« Und so geschah es regelmäßig, dass das Personal der Deutschen Bahn völlig kleinkariert und unflexibel auf ungewöhnliche Situationen reagierte und zum Beispiel Jugendliche und Kinder nachts in der Kälte einfach aussetzte, nur weil sie keinen gültigen Fahrschein vorzeigen konnten. Erst die Empörung der Öffentlichkeit hat dazu geführt, dass die Deutsche Bahn nun eine gewisse Sensibilität zeigt und auch von ihren Bediensteten erwartet.

Nicht alles jedoch, was auf den ersten Blick kleinkariert erscheint, ist es dann auch tatsächlich. So könnte man meinen, dass der Prozess gegen den ehemaligen Bundespräsidenten Christian Wulff, bei dem es scheinbar zunächst nur um ein paar Hundert Euro Vorteilsnahme für ein Schlemmerwochenende in München geht, mal wieder typisch deutsch und ziemlich kleinkariert ist. Wenn man jedoch etwas genauer hinschaut, muss man zumindest auch die Tatsache zur Kenntnis nehmen, dass Wulff in seiner Zeit als Ministerpräsident die Gesetze und Anweisungen zur Bekämpfung von Korruption verschärft hat. Den Landesbediensteten des Bundeslandes Niedersachsen wurde es ausdrücklich untersagt, Geschenke, deren Wert über zehn Euro lag, anzunehmen. Wie man in den Wald hineinruft, so schallt es nun einmal heraus. Wulff muss sich ganz einfach an den von ihm gesetzten Maßstäben messen lassen. Die Wähler und Bürger unseres Landes haben kein Verständnis für die Doppelmoral der Mächtigen, die einerseits Wasser predigen und andererseits Wein trinken. Was viele dabei empört, ist die Tatsache, dass viele Politiker scheinbar noch nicht einmal ein schlechtes Gewissen zu haben scheinen, wenn sie erwischt werden und auch dann in der weiteren Aufklärung nur scheibchenweise zugeben, was an Kungeleien bereits bekannt geworden ist.

Wer möchte das nicht: einmal richtig Karriere machen, einmal ganz oben sitzen und bestimmen? Wer möchte das nicht: einmal richtig Geld verdienen und von anderen von hinten bis vorne bedient werden? Wer möchte das nicht, dass andere ihn ehren, dass das Geplapper verstummt, wenn man seine Stimme erhebt, man im besten Restaurant stets gern gesehener Stammgast ist, der seinen festen Tisch automatisch reserviert bekommt? Wer möchte nicht in Geld schwimmen, Einfluss haben, tolle Urlaube, womöglich auf einer eigenen Jacht oder zumindest in der eigenen Luxusvilla, und stets das neuste Modell vom besten Auto fahren? Wer möchte das nicht? »Naja«, denkt die eine oder der andere vielleicht, »eigentlich gefällt mir mein Leben so, wie es ist – den ganzen Schnickschnack brauche ich nicht wirklich.« Das ist dann schon eine ziemlich abgeklärte Haltung. Warum sonst spielen rund 20 Millionen Bundesbürger Woche für Woche Lotto? Doch genau wegen dieses Traums: einmal richtig reich und einflussreich sein! Ich traue diesen Traum jedem Menschen zu und ich gönne ihn auch jedem Menschen.

Wenn man aber an die Jünger Jesu denkt, denkt man doch

eigentlich: »Denen war solches Denken fremd. Die haben doch alles aufgegeben – Karriere, ihr Zuhause, das sichere Einkommen – um jenem besitzlosen und vagabundierenden Jesus von Nazareth hinterherzustolpern.« Ihm wollten sie nahe sein, ihm und seiner Offenheit und Sorglosigkeit. »Macht euch keine Sorgen um morgen«, hat er einmal gesagt. »Schaut euch die Lilien an, die auf dem Feld stehen, wie wunderbar Gott sie kleidet, ohne dass sie irgendetwas dafür tun.« Tolle Worte und Gedanken, aber da war auch ständig die Rede von einem anbrechenden »Reich Gottes«. Und kurz gefasst war der Inhalt aller Reden und Gedanken Jesu dieser eine Satz: »Kehrt um, denn das Reich Gottes bricht an!« »Reich Gottes«, das klang gut, das klang verheißungsvoll – wie mochte es wohl aussehen, dieses Reich? Bestimmt gab es da eine Menge zu tun, bestimmt würden da Posten und Ministersessel zu vergeben sein. Mit diesem Jesus konnte man eventuell doch noch mal richtig Karriere machen und wohlhabend und einflussreich werden:

> *Da gingen zu ihm Jakobus und Johannes, die Söhne des Zebedäus, und sprachen: Meister, wir wollen, dass du für uns tust, um was wir dich bitten werden. Er sprach zu ihnen: Was wollt ihr, dass ich für euch tue? Sie sprachen zu ihm: Gib uns, dass wir sitzen einer zu deiner Rechten und einer zu deiner Linken in deiner Herrlichkeit.*
> (Markus 10,35–36)

Na wunderbar, kaum eröffnet sich die Chance, Karriere zu machen, »schwupps« ist das alte Denken wieder da. Schnell mal Jesus beiseite nehmen und sich eine gute Position in der Zukunft sichern. Vitamin B nennt man das. Die beiden hatten einen guten Draht zu Jesus und wollten sich natürlich schon mal in Position bringen und ausloten, welcher Ministerposten künftig für sie vorgesehen war. Das passiert übrigens vor jeder Wahl bei den Parteien, die die Chance haben, an die Macht zu kommen. Die Posten werden im Vorhinein versprochen und verteilt. (Daran ist mal eine potenzielle hessische Ministerpräsidentin gescheitert. Frau Ypsilanti hatte unter anderem den falschen Leuten die falschen Jobs versprochen.)

Das klassische Missverständnis, man kann es in vielen Erzählungen des Neuen Testaments entdecken: Die Jünger verstanden nicht, was es mit dem Weg Jesu auf sich hatte. Sie dachten nicht im Traum daran, dass der Weg Jesu an einem Kreuz enden könnte. Sonst wären sie ihm ja auch nicht hinterhergelaufen. Wer orientiert sich schon an einem, der demnächst hingerichtet werden soll? Nein, sie rechneten fest damit, dass Jesus irgendwann und auf seine Art ein großes Friedensreich aufbauen würde. Sie rechneten so sehr damit, dass sie schon anfingen, um möglichst gute Positionen zu ringen. »Der frühe Vogel fängt den Wurm«, sagt man. Dass dieses Friedensreich durch Kreuz und Auferstehung, aus der Vergebung und aus der Liebe in jedem Menschen neu geboren werden musste, davon wussten sie nichts. Wie sollten sie auch? Und deshalb lesen wir weiter:

Jesus aber sprach zu ihnen: Ihr wisst nicht, was ihr bittet. Könnt ihr den Kelch trinken, den ich trinke, oder euch taufen lassen mit der Taufe, mit der ich getauft werde? Sie sprachen zu ihm: Ja, das können wir. Jesus aber sprach zu ihnen: Ihr werdet zwar den Kelch trinken, den ich trinke, und getauft werden mit der Taufe, mit der ich getauft werde; zu sitzen aber zu meiner Rechten oder zu meiner Linken, das steht mir nicht zu, euch zu geben, sondern das wird denen zuteil, für die es bestimmt ist.

(Markus 10,38–40)

Die Söhne des Zebedäus – das sind doch die beiden, die Jesus später mit in den Garten Gethsemane nehmen und bitten wird: »Wacht und betet mit mir in dieser dunklen Stunde. Meine Seele ist zu Tode betrübt!« Und wenn er zurückkommt, wird er feststellen, dass sie schlafen – schöne Freunde. Wer solche Freunde hat, braucht keine Feinde. »Wir können deinen Kelch trinken, wir können das aushalten, was du aushalten musst, Jesus.« Was hatten die sich eigentlich vorgestellt? So einen netten Aufsichtsratsposten, mit viel Renommee und wenig Arbeit, ein bisschen repräsentieren hier, ein Empfangs-Buffet da – so schwierig wird das schon nicht sein, als rechte und linke Hand von Jesus? Auch hier merken wir, dass die Jünger keinen blassen Schimmer hatten, worauf das Ganze hinauslaufen würde.

Und als das die Zehn hörten, wurden sie unwillig über Jakobus und Johannes.

(Markus 10,41)

Logisch! Eine völlig logische Reaktion der anderen, denn jeder will zur Rechten und zur Linken des Heilands sitzen. Das ist so ähnlich wie das Affentheater, das das französische Staatoberhaupt Sarkozy im Vorfeld eines Nato-Gipfels veranstaltet hat, weil er unbedingt neben dem Nato-Generalsekretär sitzen wollte. Man hat sich schließlich darauf geeinigt, dass er, solange die Fotografen und die Kameras im Raum sind, neben dem Generalsekretär sitzen darf, danach aber wieder auf seinen alphabetisch festgelegten Platz muss – was für ein Affentheater. Man möchte nicht glauben, dass hier erwachsene Menschen am Werk sind.

Die anderen Jünger sind stinksauer: So etwas macht man nicht, da bei Jesus rumschleimen und allen anderen in den Rücken fallen. Doch bevor das Ganze weiter eskalierte, *rief Jesus sie zu sich und sprach zu ihnen: Ihr wisst, die als Herrscher gelten, halten ihre Völker nieder, und ihre Mächtigen tun ihnen Gewalt an. Aber so ist es unter euch nicht; sondern wer groß sein will unter euch, der soll euer Diener sein und wer unter euch der Erste sein will, der soll aller Knecht sein. Denn auch der Menschensohn ist nicht gekommen, dass er sich dienen lasse, sondern dass er diene und sein Leben gebe als Lösegeld für viele.*

(Markus 10,42–45)

Wie es in dieser Welt zugeht, das wissen wir alle und die Folgen dieses Systems drängen uns immer wieder an den Rand einer Weltwirtschaftskrise, weil die Mächtigen dieser Welt ihre Macht missbrauchen. Das scheint so eine Art Reflex der Mächtigen zu sein, und zwar schon seit Jahrtausenden, dass sie ihre Macht missbrauchen. Und sofort fallen einem wieder die Banker, Broker, Hedgefonds und Börsenglücksritter ein, die aus purer Habgier und Egoismus die Weltwirtschaft an den Rand des Ruins getrieben haben. Die Mächtigen, die ihre Macht über die Menschen missbrauchen – es gibt so viele Beispiele aus der jüngsten Weltgeschichte, die das leider belegen.

In Syrien klammert sich der Präsident Baschar al-Assad mit allen Mitteln an die Macht. Er benimmt sich wie ein Diktator und steigert sich in den Größenwahn, dass er seinem Volk dient, wenn er gegen den Willen breiter Teile der Bevölkerung im Amt bleibt. Wie nah das Machtstreben und der Wahnsinn beieinander liegen, erkennt man spätestens an der Tatsache, dass Assad sich scheinbar nicht scheut, Giftgas gegen das eigene Volk einzusetzen. »Macht ist nur die Angst der anderen!«, hat jemand mal gesagt. Und in der Tat: Da, wo die Menschen ihre Angst verlieren, da bröckelt die Macht.

Ein weiteres gutes Beispiel dafür ist der Freiheitskampf der Ägypter, das Ringen dieses Landes um eine neue Form von Demokratie, die einerseits religiös geprägt, aber andererseits auch tolerant und weltoffen ist. Kaum waren die jahrzehntelang verbotenen Muslimbrüder an der Macht, begingen sie denselben Fehler wie alle anderen extremen und ideologisch geprägten Machthaber und versuchten mit aller Gewalt und gegen den Willen großer Teile der Bevölkerung, einen intoleranten »Gottesstaat« durchzusetzen. Und zwischen diesem ganzen Machtgerangel gibt es etwa zehn Prozent koptische Christen.

Die Kopten, eine orthodoxe Kirche, verstehen sich zum Teil als die Urägypter, deren Sprache sich aus dem Altägyptischen entwickelt hat. Beim Deutschen Katholikentag in Mannheim 2012 hatte man mich eingeladen, als musikalischer Gast eine Podiumsdiskussion zum Thema »Religionsfreiheit« zu begleiten. Das Podium war hochkarätig besetzt, unter anderem mit Unions-Fraktionschef Volker Kauder, dem DEKT-Präsidenten Gerhard Robbers und dem koptischen Bischof von Assiut in Oberägypten, Kyrillos William. Angesprochen auf die angespannte Situation in Ägypten äußerte sich dieser überraschend optimistisch und sprach von einer Übergangsphase. Seit dem Ende des Mubarak-Regimes sei es den christlichen Kopten möglich, frei und ohne Angst zu reden. Sie könnten öffentlich für ihre Rechte eintreten.

In der Vergangenheit hatte es mehrfach gewaltsame Zusammenstöße zwischen Muslimen, Kopten und Sicherheitskräften in Ägypten gegeben. Allerdings hatte man den Eindruck, dass dieser Mann schlicht und ergreifend Angst hatte, sich offen zu äußern, wohl wissend, dass die Überwachung durch die Muslimbruderschaft auch in Deutschland gegeben war. Selten wohl hat ein leitender Bischof einer Kirche solch eine Fehleinschätzung über die Situation im eigenen Land von sich gegeben.

Die, die Macht haben, werden sie weiter missbrauchen, aus Habgier und Egoismus. Die Leute an der Basis jedoch können etwas ändern. »Wer ein Menschenleben rettet, rettet die ganze Welt«, heißt es im Talmud (babylonischer Talmud Traktat Sanhedrin 37a).

»Wissen ist Macht!«, rief der Prediger der lauschenden Gemeinde zu. »Wenn Sie nichts wissen: Macht nichts!«

Und Jesus sagt: »Bei euch soll es nicht so sein wie in dieser Welt: Wer bei euch groß sein will, der soll euer Diener sein.«

Wenn wir auf allen Ebenen das Lebens- und Gesellschaftsmodell des Jesus von Nazareth in unseren Blick und unser Handeln bekommen und nicht immer nur fragen: »Wo kann ich am meisten für mich herausholen?«, sondern fragen: »Was ist dienlich? Was ist dienlich auch für andere, auch für unsere Gemeinde und vor allem für die Zukunft unserer Kinder?«, nur dann hat diese Welt eine Chance auf eine lebenswerte und friedvolle Zukunft. Erinnern wir uns an die Erzählung von Abraham und Lot: Lot darf frei wählen, wo und wie er leben möchte. Die Großzügigkeit Abrahams ermöglicht den Frieden. Voraussetzung ist eine gewisse Gelassenheit und Demut dem anderen gegenüber: Niemand hat das Recht, im Namen irgendeines Absolutheitsanspruches andere zu unterdrücken.

Gelassenheit.
Ich weiß,
ich komme nicht zu kurz,
darf die Gaben und Möglichkeiten,
die Gott in mich hineingelegt hat,
entdecken und entfalten,
ich kann durchatmen,
muss nicht alles
in diese 70 bis 80 Jahre packen,
denn ich weiß:
ich habe Zeit,
eine Unendlichkeit.

Demut.
Ich sitze nicht
in der ersten Reihe,
da ist jemand,
der mich leitet,
der mich trägt
und der mich führt
zum anderen hin,
zum Helfen und Dienen
ganz von unten,
von Grund auf,
gut geerdet –
demütig.

Über den Wolken

Drei- bis viermal in der Woche flog der Texaner Jack Vroom in der exquisiten ersten Klasse der Fluggesellschaft American Airlines quer durch die halbe Welt und er tat dies gewissermaßen kostenlos. Ende der 80er-Jahre hatte American Airlines für kurze Zeit ein lebenslängliches Erste-Klasse-Ticket für 500 000 Dollar angeboten. Für den Geschäftsmann Vroom ein lohnendes Angebot, das er als Pensionär weidlich nutzte. Ein kurzer Abstecher nach Rio, mal eben zum Frühstück nach Paris oder einfach nur quer durch die Staaten – für Jack Vroom war das Alltag und die Annehmlichkeiten der ersten Klasse waren sein Zuhause.

Das »Ticket auf Lebenszeit« bot zudem die Möglichkeit, jeweils eine Person kostenlos mitzunehmen, und da war unser Vielflieger nun sehr spendabel und einfallsreich. Sei es, dass er einen befreundeten Musiker zu seinen Auftritten »flog«, sei es, dass er jemandem half, der kein Geld für eine weite Reise hatte, sei es ein Krebskranker, den er zu einer speziellen Therapie begleitete – es machte Jack Vroom Freude, anderen auf diese Weise zu helfen. Und manchmal waren es auch nur ganz einfach Zufallsbekanntschaften, die er mitnahm.

An vielen Stellen der Bibel wird von Engeln als den Boten Gottes berichtet, die plötzlich und unvermutet auftauchen und den Menschen eine Botschaft überbringen. In der Kunst wurden diese Engel oft mit Flügeln dargestellt, denn anders konnte man sich ihr unvermutetes Auftauchen nicht vorstellen. Vielleicht war ja Jack Vroom so etwas ähnliches wie ein moderner Engel, diesmal tatsächlich mit Flügeln, und zwar mit denen einer Boeing. Mit oder ohne Flügel: Sicher können auch wir anderen zu Engeln werden, wenn wir uns Zeit nehmen, sie zu begleiten und durch unser Handeln die Botschaft von einem liebenden Schöpfer weiterzugeben.

»*Nimm einem Armen*
das Letzte, was er hat –
und schenke es einem Reichen,
denn der braucht es dringender.
(Indisches Sprichwort)

»Geiz ist geil«

Edward Reid starb im Alter von 85 Jahren – und als echter Schotte. Der Junggeselle lebte allein in einem heruntergekommenen Schuppen ohne Heizung. Einziger Luxus war ein Auto, ein verbeulter Fiesta. »Geiz war sein Leben«, hieß es in den nüchternen Nachrufen, und umso größer war die Überraschung bei der Testamentseröffnung: Reid hinterließ mehr als 17 Millionen Pfund (also umgerechnet 27 Millionen Euro). Damit war nicht unbedingt zu rechnen. So arm wirkte Edward Reid, dass mitleidige Nachbarn schon mal mit einer warmen Mahlzeit an die Tür klopften, was gerne akzeptiert wurde. Neue Kleidung gab es prinzipiell nicht. Fiel die Hose auseinander, wurde sie ausgebessert. Das Auto nutzte der Schotte, um einmal im Jahr ans Meer zu fahren, in den Urlaub, wie es hieß. Die Küste war 17 Kilometer von seiner Behausung entfernt. Abends ging es wieder nach Hause.

Die hinterlassenen Millionen wurden nun, nach dem britischen Erbrecht, auf drei entfernte Verwandte verteilt. Sie hatten den Erblasser in 25 Jahren nur zwei Mal gesehen. Familienfeste kosten schließlich Geld.

»Geiz ist geil«, ließ die Multimediakette Saturn eine junge Schönheit in einem Fernsehwerbespot brüllen und konnte aufgrund dieser scheinbar absurden Werbekampagne ihre Umsätze deutlich steigern, trotz allgemeiner Umsatzflaute. Endlich, so jubelte die Vereinigung »Geizkragen«, habe aufgrund dieser Werbung auch der letzte Verschwender mitbekommen: Sparen ist schlau und macht Spaß. Nun würde der Geiz (sprich die verschärfte Form von Sparsamkeit) in der Gesellschaft endlich salonfähig.

Die Formel »Gier ist gut«, mit der Michael Douglas alias Gordon Gekko im Spielfilm »Wall Street« Anhängern des Turbo-Kapitalismus die Absolution erteilte, hat scheinbar ausgedient. An ihre Stelle ist die Parole »Geiz ist geil« getreten. Und wirklich, acht von zehn Befragten wollen ihren privaten Konsum einschränken, lesen wir in einer Forsa-Studie, und wer überhaupt noch »Geld verjubeln« geht, versucht sich wenigstens mit dem Hinweis: »War aber ein Schnäppchen« zu rechtfertigen. In Deutschland, so scheint es, herrscht »Sparalarm«. Die Geschäfte werben mit »Tiefstpreisen«, die Handelsverbände beklagen ein nie dagewesenes »Rabattfeuerwerk« und die Bildzeitung ruft mal eben den »Schnäppchen-Samstag« aus. Und das alles, um die daniederliegende Kauflust zu erwecken.

»Geiz ist geil« – wirklich? Die Kehrseite des Ausverkaufs noch vor dem Schlussverkauf: Der Kunde wartet auf noch niedrigere Preise und kauft weniger statt mehr. Schon wabert das Gespenst einer Deflation durch die Medien – man munkelt von der »Aldisierung« einer ganzen Gesellschaft. Eine McKinsey-Studie über die europäischen Einkaufsgewohnheiten offenbart: Die Franzosen lieben die Vielfalt, die Engländer den Service – und die Deutschen den Preis. Rund 50 Prozent aller europäischen Discounter befinden sich dementsprechend in Deutschland.

»Woran du dein Herz hängst, das ist dein Gott«, dieses Zitat ist von dem Reformator Martin Luther überliefert. So gesehen sind wir ein Volk von Heiden, denn unsere Götter heißen Geld, Aktien und Immobilien. »Geiz ist geil« – damit ein Wortspiel gelingt, versuchen Werbestrategen uns die Untugend Geiz als eine Tugend, nämlich die der »Sparsamkeit« zu verkaufen. Schon beklagen manche Hilfsorganisationen einen dramatischen Spendenrückgang – die Menschen sind nicht nur sparsam, sie werden geizig, und Geiz macht krank.

Und wenn jemand mit dir rechten will und dir deinen Rock nehmen, dem lass auch den Mantel. Und wenn dich jemand nötigt, eine Meile mitzugehen, so geh mit ihm zwei. Gib dem, der dich bittet, und wende dich nicht ab von dem, der etwas von dir borgen will.

(Matthäus 5,40–42)

Das ist ein Zitat aus der Bergpredigt Jesu. Er ermuntert uns, großzügig und hilfsbereit und eben nicht kleinlich und geizig zu sein. Die Welle von Hilfsbereitschaft anlässlich der vielen Katastrophen, die Jahr für Jahr über diese Welt hereinbrechen, lässt hoffen, dass wir uns von der Werbung nicht für dumm verkaufen lassen und ermutigt uns zu einem offenen, dem anderen liebevoll zugewandten Lebensstil.

Geiz macht krank, und die Aufforderung zu noch mehr Egoismus und zu noch mehr sozialer Kälte – die brauchen wir am allerwenigsten. Geiz macht krank, und geizige Menschen enden wie Edward Reid: einsam, unbehaglich und letztendlich weltfremd. So möchte ich nicht leben, lieber verschenke ich das letzte Hemd und spüre: Es tut gut, anderen zu helfen. Lieber spende ich den letzten Euro und fühle: Es macht Spaß, zu teilen. Lieber trenne ich mich von liebgewordenen Gegenständen und merke: Es befreit, Dinge zu verschenken.

Wir sind arm,
wir sind reich.
Unser Reichtum
bezeugt unsere Armut,
denn es ist Geld, das wirklich zählt:
Zahlen, Bilanzen,
Wachstumsraten,
Einkauf, Verkauf,
Ausverkauf!

Bei Geld
hört
der Spaß
auf!

Wir können alles kaufen,
und so kaufen und verkaufen wir,
und verkauft mal einer nicht,
kaufen wir ihm das nicht ab,
der ist bestimmt gekauft.
Wir sind verkauft –
verraten und verkauft.

Wir nennen es Reichtum,
wenn einer Geld hat.
Geld zerstört Reichtum:
das unbefangene Lachen,
das weiche Gesicht,
die Wunder der Schöpfung –
Geld macht gierig.

GELD
MACHT
GIER

Wir sind arm,
denn
wir sind reich.

»Du tust mir gut!«

Was tut mir gut? Ein schöner Spaziergang, ein gelungener Urlaub, ein gemütlicher Abend mit Freunden, ein Wellness-Wochenende, ein schöner Gottesdienst, die Versöhnung nach einem Streit, eine Gehaltserhöhung, wenn man mich lobt und anerkennt, wenn ich Sport mache – es gibt so viele Dinge, die uns guttun und ganz viele dieser Dinge kosten noch nicht einmal viel Geld.

Mir persönlich tun zum Beispiel gelungene Begegnungen mit anderen Menschen gut. Es gibt Menschen, die mir guttun und zu denen ich sagen möchte: »Du tust mir gut!« Fakt ist jedoch, dass wir das viel zu selten umsetzen. Wir denken nicht daran, den Menschen, die uns guttun, das auch zu sagen. Warum ist das so? Oft sind es Menschen, die scheinbar ganz selbstverständlich zu unserem Alltag dazugehören, die dafür sorgen, dass unser Leben funktioniert und manchmal auch gelingt. So manches Mal habe ich am Grab eines Menschen gestanden und die vielen Blumen und Kränze gesehen und gedacht: »Hätte dieser Mensch zu Lebzeiten solche Wertschätzung erfahren, wäre sicher manches anders gelaufen!«

Und nun ist das Neue Testament voller Erzählungen, voll menschlicher Begegnungen, die beschreiben, wie Gott den Menschen und damit auch uns heute guttut. Jesus wusste, dass er von einem seiner geliebten Jünger verraten würde und es wird beschrieben, wie sehr Jesus an seinen Jüngern hing: Er hat sie geliebt und er liebte sie bis zum Ende. Obwohl er wusste, dass aus ihrer Mitte heraus der Verrat geschehen würde. Seine Stimmung war also eher traurig und nachdenklich. Wenn ich mir das vorstelle: Ich sitze mit meinen Lieben an einem Tisch und weiß, ich habe nicht mehr lange zu leben und gleichzeitig weiß ich: Einer, der hier mit mir am Tisch sitzt, wird wissentlich meinen Tod mitverursachen oder zumindest riskieren – ich weiß nicht, ob ich diese Spannung ertragen würde, sie würde mir sicher nicht guttun.

Vor etlichen Jahren berichteten die Medien über zwei junge Männer, die die Familie des einen Jungen brutal ermordet haben, erst die beiden Schwestern und dann die Eltern, und zwar aus Habgier. Der Sohn wollte Alleinerbe werden und sich das Geld dann mit seinem Kumpel teilen. Das Ganze soll so abgelaufen sein, dass sie zunächst die beiden Schwestern zu Hause vor dem Fernseher erschossen haben und dann in die Kneipe gingen, wo die ahnungslosen Eltern saßen. Dort haben sie sich zu ihnen an den Tisch gesetzt und mit ihnen etwas getrunken, wissend, dass sie die beiden Schwestern bereits umgebracht hatten und dass wohl kein Weg daran vorbeiführen würde, nun auch die Eltern umzubringen. Und nun stellen Sie sich vor, der eigene Sohn setzt sich zu Ihnen an den Tisch, trinkt, plaudert und tut so, als wäre nichts und Sie wissen genau: Er wird gleich die Kneipe verlassen und dann wird er mich töten.

So ähnlich muss man sich die Situation und die Stimmung vorstellen, in der Jesus sich befand. Und doch war und blieb die Liebe seine Grundhaltung, die vielleicht sogar in diesen letzten Tagen immer stärker wurde.

Und nach dem Abendessen stand er auf, band sich eine Schürze um, goss Wasser in eine Schüssel und fing an, seinen Freunden, seiner Familie (wie er selbst einmal gesagt hat) die Füße zu waschen, auch dem Jünger, von dem er wusste, dass er ihn verraten würde.

Ihr habt gehört, dass gesagt ist: »Du sollst deinen Nächsten lieben« (3. Mose 19,18) und deinen Feind hassen. Ich aber sage euch: Liebt eure Feinde und bittet für die, die euch verfolgen.

(Matthäus 5,43 f.)

Das hat Jesus nicht nur gesagt, sondern er hat es auch getan, auch vor dem Jünger Judas ging er auf die Knie und hat ihm die Füße gewaschen. Was für eine Wohltat: sich nach dem langen Weg zu Fuß nach Jerusalem endlich an einen reich gedeckten Tisch zu setzen und dann kommt ein Freund, einer, vor dem man sich nicht genieren muss, und wäscht einem die Füße – viele von uns kennen das Wohlgefühl einer Fußreflexzonenmassage und eines entspannenden Fußbades.

So ganz geheuer war den Jüngern die Sache allerdings nicht und Simon Petrus thematisierte das auch: »Herr, es geht doch nicht, dass du mir die Füße wäschst.« Auch uns fällt das schwer, dass wir uns von anderen einfach mal was Gutes tun lassen, ohne gleich die Gefahr zu wittern, dass wir dann ja in des anderen Schuld stehen. Ich kenne Menschen, die kann man nicht einfach mal so auf ein Bier oder zum Essen einladen. Und wenn es dann mal gelingt, dann kommt da gleich der Spruch: »Also gut, aber das nächste Mal bin ich dran!« Nur keine Rechung offen haben oder lassen. Die Liebe rechnet und rechtet nicht, heißt es im Hohelied der Liebe (1. Korinther 13). Und wer sich diese Liebe nicht gefallen lässt, wer sich nicht gefallen lässt, dass Jesus etwas für ihn oder sie getan hat, der wird das Geheimnis des christlichen Glaubens letztendlich nicht verstehen.

Denn als er ihre Füße gewaschen hatte, setzte er sich wieder hin und stellte seinen Freunden genau diese Frage: »Wisst ihr, was ich gerade für euch getan habe?« Ich glaube nicht, dass die Jünger wussten, was Jesus für sie getan hatte.

Sie wussten ja nicht, was er wusste, nämlich, dass er bald von einem engen Vertrauten dem Tod ausgeliefert werden würde und dass er dabei war, mittendrin dabei war, seinen Worten auch Taten folgen zu lassen: »Liebt eure Feinde, segnet, die euch verfluchen, tut Gutes denen, die euch hassen!« Konsequent lässt Jesus seinen Worten Taten folgen, bis hin ans Kreuz von Golgatha, wo er für seine Feinde bittet: »Vater, vergib ihnen, denn sie wissen nicht, was sie tun!«

»Ich als euer Lehrer und Meister habe euch ein Beispiel gegeben, dass ihr so handelt, wie ich gehandelt habe, dass ihr mit anderen so umgeht, wie ich mit euch umgegangen bin!« Anderen guttun, das ist die Herausforderung, vor der wir stehen. Und zwar (und das ist der springende Punkt) nicht nur dann, wenn es uns gut geht, sondern gerade auch dann, wenn wir den Verrat in der Luft riechen und uns alleingelassen fühlen.

Die momentane Stimmung in unserem Land ist doch so: Wir riechen den Verrat, wir können nicht verstehen, wieso Investmentbanker, deren Niedergang gerade mit Staatshilfen gerettet wurde, nun schon wieder versuchen, per Gericht ihre Bonuszahlungen einzuklagen. Von 80 000 bis 100 000 Euro Grundgehalt könne man schließlich nicht leben, so einer der Anwälte im Fernsehen. Das ist zynisch: Ich schätze mal, dass wir alle hier dann schon lange tot wären, wenn das stimmen würde. Als Student habe ich oftmals unter der Armutsgrenze gelebt und manchmal mit weniger als 500 DM im Monat auskommen müssen. Arm habe ich mich deshalb trotzdem nicht gefühlt, denn ich hatte ein Ziel, eine Perspektive. Und dazu gehörte, dass es auch mal Zeiten gab, in denen es eben nicht so gut lief. Solche Zeiten waren für mich aber eher ein Ansporn.

Die Stimmung ist schlecht, und natürlich schwappt diese Stimmung in unsere Familien, in unsere Häuser und Gemeinden. Doch die alles entscheidende Frage ist nun: Wovon lassen wir uns bestimmen und tragen? Wo ist der christliche Gegenentwurf zu dem allgemeinen Wahnsinn, der in unserer Gesellschaft abläuft? Wir brauchen Menschen, die trotz alledem aufstehen, sich die Schürze umbinden und bereit sind, anderen Gutes zu tun – nicht weil wir müssen, sondern weil wir es wollen: aus Liebe. Wie kann das praktisch aussehen? Ein guter und geistlich gefüllter Gottesdienst ist schon der Anfang. Ich hole mir Kraft und Motivation ins Boot, wenn ich eine Kirche betrete mit dem Gebet: »Gott, du tust mit gut, hab Dank dafür! Erfülle mich mit deiner Liebe und öffne mir die Augen, die Ohren und das Herz, dass ich entdecke und spüre, wo und wie ich anderen Gutes tun kann!«

Ich kann einen Krankenbesuch oder den Besuch bei einem einsamen Menschen, den ich schon lange vor mir herschiebe, endlich machen, ich kann meiner Frau oder meinem Mann mal wieder einen Strauß Blumen schenken, ich kann beginnen, mich stärker in der Gemeinde zu engagieren, ich kann versuchen, wieder neu mit einem Nachbarn ins Gespräch zu kommen und so weiter. Bei all diesen Aktionen hilft es mir, mir Jesu Verhalten vor Augen zu malen, zu beten und zu wissen, in was für einer deprimierenden Stimmung er sich allen Unkenrufen zum Trotz nicht zu fein war, vor dem Menschenbruder und der Menschenschwester niederzuknien und ihnen gutzutun.

Hand und Fuß

Wir saßen so zusammen,
wir saßen grad bei Tisch,
da nahm er eine Schürze
und Schüssel Wasser sich.
Er kniete vor uns nieder,

begann mit sanfter Hand,
die Füße uns zu waschen,
zu reinigen vom Sand.

Erschrocken zog ich meine
Füße schnell zurück:
Komm, lass du mich das machen,
das schickt sich einfach nicht.
Wir sollten dich umsorgen,
du bist doch unser Herr,
und dir die Füße waschen
und nicht umgekehrt.

Da sahen seine Augen
mich endlos lange an:
Wem ich in dieser Runde
nicht so begegnen kann,
dass ich ihm einfach diene,
und vor ihm niederknie,
hat nichts von mir verstanden
und versteht mich nie.

Hand und Fuß,
glaube mir,
der Glaube muss
Hand und Fuß bekommen.

Wenn das stimmt, lieber Meister,
dass du mich waschen musst,
damit ich dir gehöre,
dann nicht nur meinen Fuß,
nein, dann auch Kopf und Hände,
ich will dein Jünger sein
und alles was ich habe
nimm hin und es sei dein.

Menschen, die mir guttun, das sind immer auch großzügige Menschen, Freunde und Bekannte, die frei mit ihrer Zeit, mit ihrem Engagement, mit ihrem Zuhause, mit ihrem Besitz und mit ihrem Geld umgehen. So bin ich seit vielen Jahren befreundet mit dem Leadsänger einer sehr bekannten Band und dieser Freund »leiht« mir immer wieder mal »im Background« seine Stimme und verfeinert und veredelt so manche meiner Songs, wenn wir sie auf eine CD aufnehmen. Er bekommt normalerweise Gagen, bei denen mir schwindelig wird und die ich niemals bezahlen könnte – für mich singt er als Freund, gibt seine Stimme und seine Zeit, um mir zu helfen. Natürlich treffen wir uns auch so und dann nehmen wir uns immer sehr viel Zeit, die wir gerne einander schenken.

Ich denke an die Menschen, die mit mir zusammenarbeiten. Sie alle aufzuzählen, würde den Rahmen dieses Kapitels sprengen, aber alle geben großzügig ihre Zeit und ihr Engagement für meine Konzertarbeit, öffnen ihre Häuser und sind gastfreundlich. Es ist einfach schön zu wissen, dass ich umgeben bin von Menschen, die ähnlich denken wie ich: Im Zweifelsfall: großzügig! Dieser Satz gilt auch gerade dann, wenn ich feststelle, dass ein Konzertveranstalter aufgrund eines Konzertes mit mir und meinen Musikern »in die Miesen« geraten ist. Dann suchen wir nach einer gemeinsamen Lösung, oft verzichte ich dann auf mein Honorar und manchmal (selten) bitte ich meine Mitmusiker ebenfalls, auf einen Teil ihres Honorars zu verzichten, was diese dann auch gerne und »ohne Murren und Knurren« tun.

Einmal waren wir eingeladen, in der wunderschönen Stadt Wien zu spielen. Der Veranstalter hatte eine reformierte Kirche gemietet (eine Gemeinde, mit der er ansonsten nichts zu tun hatte). Die Werbung lief schlecht und es kamen nur 29 zahlende Besucher. Der arme Mann kroch kreidebleich durch die Gänge. Nach einer kurzen, unkomplizierten Rücksprache mit meinen Musikern nahm ich ihn beiseite und sagte: »Du lädst uns jetzt anschließend zum Pizzaessen ein und wir verzichten auf die gesamte Kostenerstattung!« Hinterher beim Italiener sagte er dann zu mir im breitesten Wienerisch: »Clemens, des waor ja so wiechtig, dass a du emol wieder in Wien gschpoit (gespielt) hoost!« Da hob ich mein Glas und prostete ihm zu und erwiderte: »Da waren die Wiener wohl offensichtlich anderer Meinung!«

Zu spät gibt, wer erst dem Bittenden gibt.
(Lucius Annaeus Seneca)

Besonders großzügig fand ich auch das Verhalten einer bekannten Sängerin, mit der ich ebenfalls seit vielen Jahren verbunden bin. Sie fragte mich eines Tages nach der Kontonummer unseres Fördervereins. Ein paar Tage später trat sie bei der Quizsendung »Prominente bei Pilawa« im Fernsehen auf und erspielte für unsere Arbeit eine wirklich beträchtliche Summe. Ich bin immer wieder überrascht, wenn Menschen großzügig sind und es ist eine Haltung, die mir rundum guttut.

Ohne diese Haltung würde auch die Ehe zwischen mir und meiner Frau nicht funktionieren. Sie lässt mich immer wieder großzügig hinausziehen in die große, weite, manchmal auch kleine, enge Welt. Meine Frau Rosi ist wohl der großzügigste Mensch, der mich umgibt, denn sie hat mir mehr Zeit und Liebe geschenkt als jeder andere Mensch. Und dass der Ehealltag für beide Ehepartner ein großes Übungsfeld in Sachen Großzügigkeit ist und sein kann, habe ich ja weiter oben schon ausführlich beschrieben.

Es gibt Menschen, die tun einfach gut

Es gibt Menschen, die wie Felsen in der Brandung stehn
und die nicht so schnell im Sturm der Zeiten untergehn,
die dann da sind, wenn das Wasser dir zum Halse steht
und ein scharfer, kalter Wind dir entgegenweht .

Es gibt Menschen, die dich nehmen, wie du nun mal bist,
die dich nicht nur dann ertragen,
wenn schönes Wetter ist,
die sofort erkennen, wenn bei dir mal Regen fällt
und das Leben dir mal wieder böse Fallen stellt.

Es gibt Menschen, die tun einfach gut.

Es gibt Menschen, die versprühen so viel Energie,
ich bin immer ganz geplättet, wenn ich so was seh.
Ihre Augen, wie sie strahlen und sie machen Mut,
es gibt Menschen, die tun andern Menschen einfach gut.

Es gibt Menschen, die tun einfach gut.

Es gibt Menschen, ja die haben dich in ihrem Blick
und sie denken, leben auch für dich ein kleines Stück,
denn sie sehen und sie fühlen, wenn du Hilfe brauchst,
du spürst ihre starke Hand, bevor du ganz abtauchst.

Es gibt Menschen, die tun einfach gut.

Vergebung

Wenn wir fragen: Wo und wie kann ich Großzügigkeit lernen?, dann stoßen wir relativ schnell auf das Thema »Vergebung«. Kaum ein Satz fällt uns so schwer wie der Satz: »Ich habe einen Fehler gemacht. Es tut mir von Herzen leid. Bitte vergib mir!« Denn es ist eine Aussage, die man nicht einfach so machen kann. Es braucht meist einen längeren Prozess, innerhalb dessen ich viele innere Hürden überwinden, mit meinem inneren Schweinehund kämpfen und schließlich auch noch über meinen Schatten springen muss. Man könnte sagen, der Bitte um Vergebung geht ein seelischer Triathlon voraus.

Meine inneren Hürden haben viel mit meinem Stolz zu tun. Ich habe mir eine ganze Reihe von Argumenten aufgebaut, die begründen, warum ich recht habe und der andere im Unrecht ist. »Soll sich der andere doch erst einmal entschuldigen!« Diese Hürden gilt es anzugehen und zu überwinden. Es kommt ja immer wieder vor, dass zwei Nachbarn wegen einer ungeklärten Grundstücksgrenze aneinandergeraten. Oft ist es dann so, dass der eine einfach mal »macht« und schaut, wie der andere reagiert. Der Streit geht zum Beispiel um einen Wassergraben. Der eine Nachbar sagt: »Der Graben gehört noch zu meinem Grundstück«, der andere vertritt die Auffassung: »Die Mitte des Grabens ist die Grundstücksgrenze.« Beide Nachbarn haben den Streit übrigens von ihren Vorfahren geerbt. Man hat große Vorbehalte und begegnet sich eigentlich nicht, man grüßt sich nicht und man redet schlecht übereinander.

Hier wird nun jeder verstehen, wo die Hürden sind. Die erste Hürde ist schon mal die Vergangenheit; dass man einfach mal die alten Geschichten beiseite legt und frisch in die Zukunft schaut. Die zweite Hürde ist, dass man bereit ist, sich in den anderen hineinzuversetzen und sich zu fragen: »Warum denkt er so, wie er denkt und gibt es vielleicht einen Aspekt in seiner Denkweise, wo er recht haben könnte?« Von Jens Corssen habe ich den Satz gehört: »Jeder Mensch hat recht innerhalb seines Angst- und Denksystems!« Das bedeutet: Es lohnt sich in jedem Fall, einem anderen erst einmal zuzuhören, denn innerhalb seines Angst- und Denksystems hat er ja (für sich gesehen) recht. Nach dem Attentat am 11. September 2001 wurde viel darüber geredet, dass wir lernen müssten, zuzuhören und zu verstehen, wie der andere denkt. Leider ist davon kaum etwas umgesetzt worden, stattdessen wurden Afghanistan und der Irak bombardiert und angegriffen. Sich in den anderen hineinzuversetzen ist gar nicht so einfach und kann eine Riesenhürde sein.

Eine dritte Hürde könnte sein, dass man einfach mal aufs Grundbuchamt geht und nachschaut, was da genau steht (knifflig wird es allerdings, wenn der Graben in der Vergangenheit verlegt oder erweitert wurde). Eine vierte Hürde wäre es, den Nachbarn als Gesprächspartner überhaupt mal neu ins Auge zu fassen und ihn nicht als »Idioten, mit dem man eh kein vernünftiges Wort wechseln kann« abzutun. Eine weitere Hürde könnte sein, dass ich in meiner Familie keine Unterstützung für ein Versöhnungsvorhaben finde. Je länger man darüber nachdenkt, desto mehr Hürden fallen einem ein. Zum Beispiel die Hürde, dass ich mir überlege, wie der andere wohl reagieren mag, wenn ich auf ihn zugehe: »Was ist, wenn er mir die Tür vor der Nase zuschlägt oder mich auslacht?«

Eine Zeit lang lebten wir als Mieter in einem nagelneuen Mietshaus. Was wir nicht wussten, als wir dort einzogen, war die Tatsache, dass unsere Vermieter, die im Haus neben uns wohnten und ihre Nachbarn, die nun auf der anderen Seite unseres Hauses wohnten, erbittert miteinander zerstritten waren. Sie hassten sich wirklich bis aufs Blut und waren auch schon mal mit der Schaufel aufeinander losgegangen. Das Haus, in dem wir als Mieter wohnten, war da ein weiterer Meilenstein und ein Affront für die Nachbarn. Da gerieten wir mitten hinein und waren als Mieter der einen Partei automatisch »Feinde« der anderen Partei. Nach einiger Zeit hielt ich es nicht mehr aus und rief die mit unseren Vermietern verfeindeten Nachbarn einfach an. Der Mann ging ans Telefon und ich bat ihn, die Feindseligkeiten uns gegenüber einzustellen, denn wir hätten ja mit dem ganzen Streit nichts zu tun und würden unter der Situation sehr leiden. Darauf erwiderte der Mann: »Leiden Sie weiter!« und legte auf. Damals ist folgender Text entstanden:

Menschen quälen andre Menschen,
schalten ab und walten stumm,
denken nicht an Konsequenzen,
setzen nur Befehle um,
sehen wenig Sinn im Leben,
treten es mit Stiefeln klein,
können Lust und Macht erleben,
wenn die Folteropfer schrein.

Menschen zwingen andre Menschen
auf den Strich und in die Knie,
sehen nur die eignen Wünsche,
andre Menschen sehn sie nie.
Ihre Seele scheint ein Geldsack
und sie denken nur daran,
wie man diesen prallen Geldsack
noch und noch mehr füllen kann.

Menschen nerven ihre Nachbarn
und entwickeln Strategien,
wie sie die, die einmal nett warn
in ein Hassverhältnis ziehn.
Rechtsanwälte schreiben Briefe,
nein, man schaut sich nicht mehr an
und erstickt im eignen Miefe,
weil man sich nicht riechen kann.

Menschen hetzen andre Leute
durch das Leben in den Tod,
neben mir im Hier und Heute
lebt ein Mensch in Lebensnot.
Doch ich lege Holz ins Feuer,
lasse »draußen« draußen sein.
Mensch, du bist mir ungeheuer,
Mensch, da schließe ich mich ein.

Die Hürden, die es da zu überwinden gilt, sind ja alles Hürden in meinem Kopf, genauso wie der »innere Schweinehund«, mit dem ich da zu kämpfen habe und der mir ständig Dinge sagt wie: »Es wird schon seine Gründe haben, warum dieser Streit nicht zu lösen ist!« oder »Warum soll eigentlich ich den ersten Schritt tun, sollen die anderen sich doch bewegen!« oder »Ach komm, ist doch egal, schauen wir halt zur anderen Seite aus dem Fenster!« Denn der innere Schweinehund ist natürlich auch bequem: »Jetzt haben wir so lange Streit gehabt, jetzt ist es eh schon egal!« Doch wenn mein Wunsch nach Versöhnung stark genug ist, dann werde ich diesen Kampf gewinnen und irgendwann dann tatsächlich über meinen Schatten springen und vielleicht mit einem Strauß Blumen und einer guten Flasche Wein mich hinüberbegeben in »feindliches Terrain«. Die Worte, die ich dann sage, können alles verändern, aber ich kann sie nur sagen, wenn ich großzügig bin, wenn ich die Hürde »Aber die anderen müssen sich auch entschuldigen!« wirklich überwunden habe. Dann können die Worte: »Ich möchte um Verzeihung bitten für alles Unrecht, das wir euch angetan haben, ich möchte, dass wir uns versöhnen und als Nachbarn gut miteinander auskommen!« die Welt verändern.

Es gibt Menschen – ich würde mal behaupten, asoziale Zeitgenossen –, die juckt das nicht, die lachen Sie dann aus (Hürde), verhöhnen Sie als Weichei und hetzen Ihnen womöglich noch den Hund auf den Hals. Es gibt enge, hartherzige Menschen, die kaum noch etwas erreicht. Aber es gibt auch die Menschen, die dann auf einmal nachdenklich werden und es sich selbst und auch Ihnen eingestehen: »Ja, das wäre schön, wenn wir einen neuen Umgang miteinander finden könnten!« Von diesen Menschen lebt der Traum der Versöhnung.

Jeder kennt den Satz: »Liebe deinen Nächsten wie dich selbst!«, und doch fällt es uns oft schwer, mit uns selbst großzügig umzugehen. Wie oft höre ich in Gesprächen mit anderen den Satz »Das kann ich mir nicht vergeben«! Wenn ich mir aber bestimmte Dinge in meinem Leben nicht verzeihen kann, wenn ich es nicht verstehen und akzeptieren kann, dass Gott mich in den Freiraum seiner Vergebung, auf weiten Raum stellt, dann kann ich auch nicht lernen, mit anderen großzügig umzugehen. Ohne Vergebung können wir nicht leben, wenn wir die Großzügigkeit in unserem Leben nicht sehen und wahrhaben wollen, dann können wir auch nicht mit anderen großzügig umgehen.

Stolz

Über meinen Schatten springen
kann ich nicht, das fällt mir schwer.
Wie soll ich mich dazu bringen,
wenn sich alles in mir wehrt?
Dabei weiß ich es seit Langem,
es wär allerhöchste Zeit,
dass wir wieder neu anfangen
und ich sage: »Tut mir leid!«
Doch mein Stolz hält mich zurück,
pocht auf meinem bisschen Recht,
das ich hatte. Und mein Glück
geht verloren im Gefecht.

Endlich mal zu überwinden
meinen inn'ren Schweinehund
und ein gutes Wort zu finden,
weigert sich mein großer Mund,
der im Grunde nie verlegen
ist um einen flotten Spruch,
lässt sich diesmal nicht bewegen,
stummer, harter, böser Fluch.
Denn mein Stolz hält mich zurück,
pocht auf meinem bisschen Recht,
das ich hatte, doch mein Glück
geht verloren im Gefecht.

Eine Hand, die sich entfaltet
aus der Faust und mit Gespür
tastend Frieden so gestaltet,
dass sie andere erspürt,
andre Hände, andre Menschen,

um zu leben Hand in Hand,
diese Hand würd' ich mir wünschen
für mich selbst und dieses Land.
Wo nicht Stolz uns ständig zügelt,
aufeinander zuzugehn
und die Liebe uns beflügelt,
auch zu unsrer Schuld zu stehn.

Die Jünger hatten natürlich mitbekommen, wie wichtig und zentral das Thema Vergebung für Jesus war. Deshalb stellte ihm Petrus einmal die Frage: »Wie oft muss ich eigentlich einem Bruder, der sich etwas zu Schulden kommen ließ, vergeben? Genügt es, wenn ich dem siebenmal vergebe?« Und Jesus antwortete: »Nicht siebenmal sollst du ihm vergeben, sondern siebenmal siebzig Mal, also immer, so oft wie nötig!« Im Zweifelsfall: großzügig! Hier wird ganz klar, dass die Vergebung und die Bereitschaft zur Vergebung ein wichtiges Merkmal des anbrechenden Reiches Gottes ist, wie es Jesus immer wieder proklamierte. Das wird auch deutlich in dem Gleichnis, das Jesus im Anschluss an diese Frage und Antwort erzählte:

Darum gleicht das Himmelreich einem König, der mit seinen Knechten abrechnen wollte. Und als er anfing abzurechnen, wurde einer vor ihn gebracht, der war ihm zehntausend Zentner Silber schuldig. Da er's nun nicht bezahlen konnte, befahl der Herr, ihn und seine Frau und seine Kinder und alles, was er hatte, zu verkaufen und damit zu bezahlen.

Da fiel ihm der Knecht zu Füßen und flehte ihn an und sprach: Hab Geduld mit mir; ich will dir's alles bezahlen. Da hatte der Herr Erbarmen mit diesem Knecht und ließ ihn frei und die Schuld erließ er ihm auch.

Da ging dieser Knecht hinaus und traf einen seiner Mit-

knechte, der war ihm hundert Silbergroschen schuldig; und er packte und würgte ihn und sprach: Bezahle, was du mir schuldig bist! Da fiel sein Mitknecht nieder und bat ihn und sprach: Hab Geduld mit mir; ich will dir's bezahlen. Er wollte aber nicht, sondern ging hin und warf ihn ins Gefängnis, bis er bezahlt hätte, was er schuldig war.

Als aber seine Mitknechte das sahen, wurden sie sehr betrübt und kamen und brachten bei ihrem Herrn alles vor, was sich begeben hatte. Da forderte ihn sein Herr vor sich und sprach zu ihm: Du böser Knecht! Deine ganze Schuld habe ich dir erlassen, weil du mich gebeten hast; hättest du dich da nicht auch erbarmen sollen über deinen Mitknecht, wie ich mich über dich erbarmt habe? Und sein Herr wurde zornig und überantwortete ihn den Peinigern, bis er alles bezahlt hätte, was er ihm schuldig war.

So wird auch mein himmlischer Vater an euch tun, wenn ihr einander nicht von Herzen vergebt, ein jeder seinem Bruder.

(Matthäus 18,23–35)

Zehntausend Zentner Silber, das klingt nach einem Haufen Geld, das klingt nach einem wertvollen Schatz, den da jemand einem anderen schuldet. Kein Wunder, dass derjenige sein Kapital wiederhaben möchte. Man kann sich aber auch die Verzweiflung des Schuldners vorstellen, die vielen schlaflosen Nächte, die schlechte Stimmung im Haus. Schulden können uns krank und kaputt machen. Diese ganze Verzweiflung bricht aus dem Mann heraus, als er merkt, dass es zu Ende geht, dass die Schonphase vorbei ist und dass der, der ihm das Silber geliehen hat, nun ernst macht und mit aller Macht (die ihm ja zur Verfügung steht) den Schatz wieder eintreiben möchte. Der Schuldner steht in der Gefahr, alles, aber auch wirklich alles zu verlieren; nicht nur sein Besitz, sondern auch er selbst und seine Familie sollen veräußert werden, damit die Schulden beglichen werden können. Als ihm das bewusst wird, fällt er auf die Knie, demütigt sich, nimmt alle Hürden, Schweinehunde und Schatten mit einem Sprung gemeinsam und fleht um Gnade. »Hab Geduld mit mir, ich will dir alles bezahlen!«, sagt er, aber es ist eine Floskel, ein Hilfeschrei, denn er weiß ja, dass er es nicht bezahlen kann. Und das weiß auch sein Herr, sonst hätte er ja nicht überlegt, seinen Schuldner mit Haut und Haaren zu pfänden. Und weil er das weiß, geht er auf das Angebot auch gar nicht ein, er hat keine Geduld mehr, er will auch die vielen Ausflüchte nicht mehr hören und er ist es leid, angelogen und betrogen zu werden. In diesem ganzen Gefühlswirrwarr ist er aber vor allem eines: großzügig. Er sieht die Not des Mannes und sie erreicht sein Herz, er möchte diese ganze Situation beenden; und zwar so beenden, dass dieser Mann und seine Familie froh durchatmen können und eine gestaltbare Zukunft vor sich haben. Und deshalb hat er Erbarmen, ist barmherzig, weil ihm diese Situation zu Herzen geht. Wer Barmherzigkeit erfährt, wem Großzügigkeit begegnet, der begegnet Gott. Der König lässt ihn frei und schenkt ihm die zehntausend Zentner Silber – unglaublich!

Man könnte doch meinen, dass solch ein Erlebnis einen Menschen so grundlegend und nachhaltig beeindruckt, dass er sich selbst dadurch in seiner eigenen Denk- und Handlungsweise inspirieren und anstecken lässt. Doch das Gegenteil ist der Fall. Menschen, die selbst Großzügigkeit erfahren haben, lassen sich dadurch nicht zwangsläufig anstecken. Jemand, der beim Einfädeln auf der Autobahn von anderen »reingelassen« wurde, lässt deswegen noch lange nicht automatisch auch andere vor ihm einfädeln. Jüngste Studien in den USA belegen sogar, dass einmal erfahrene

Großzügigkeit beileibe nicht so ansteckend ist wie erfahrene Ungerechtigkeit und Habgier.

Das können Sie bei jedem Sommer- und Winterschlussverkauf beobachten, wie sich da an den Wühltischen auf einmal Raffsucht und Habgier Bahn brechen. Scheinbar hat den Schuldner die Erfahrung, dass auch ihm Schulden nicht bezahlt wurden, viel mehr beeindruckt als die Tatsache, dass ihm gerade eine Riesenschuld erlassen wurde. Scheinbar hatte das eine für ihn mit dem anderen nichts zu tun.

> *Da ging dieser Knecht hinaus und traf einen seiner Mitknechte, der war ihm hundert Silbergroschen schuldig; und er packte und würgte ihn und sprach: Bezahle, was du mir schuldig bist! Da fiel sein Mitknecht nieder und bat ihn und sprach: Hab Geduld mit mir; ich will dir's bezahlen. Er wollte aber nicht, sondern ging hin und warf ihn ins Gefängnis, bis er bezahlt hätte, was er schuldig war.*
> (Matthäus 18,28–30)

Wir lesen das und sind zutiefst empört: Wie kann jemand, der gerade erfahren hat, wie sich Großzügigkeit anfühlt, so unbelehrbar und hartherzig sein? Wie kann jemand, der gerade mit Mühe und Not dem Gefängnis entronnen ist, so skrupellos sein und einen anderen ins Gefängnis werfen lassen? Und doch, während ich mit einem Finger auf den »unbarmherzigen Schuldner« zeige, richten sich gleichzeitig drei Finger auf mich. Wie kann ich als ein Mensch, der in einem der reichsten Industrieländer leben und sich entfalten darf, so hartherzig und skrupellos sein, dass ich nicht viel mehr Geld und Energie dafür verwende, dass auch andere besser und freier leben können? Für Jesus hat der Text natürlich auch noch die Komponente: Einen Menschen, der den Freispruch Gottes gehört und Vergebung erfahren hat, sollte diese Erfahrung doch so grundlegend beeindrucken, dass sich sein eigenes Verhalten und seine weitere Lebensgestaltung grundlegend ändert. Aufgrund der erfahrenen Gnade werde ich selbst zu einem gnädigen Menschen. Leider ist das sehr oft nicht so.

Die Frage nach einem gnädigen Gott mag für Luther noch von zentraler Bedeutung gewesen sein, heutzutage spielt sie in unserem Bewusstsein eigentlich keine Rolle mehr. Und gerade deshalb erscheint es mir wichtig, diese Gnade neu in den Blick zu bekommen. Ich empfinde es als Gnade, dass ich so leben darf, wie ich lebe. Ich empfinde es als Gnade, dass ich in einem Land leben darf, in dem seit fast 70 Jahren Frieden herrscht. Ich möchte immer wieder lernen, mich als einen begnadeten, einen beschenkten Menschen zu verstehen und davon ausgehend üben und immer wieder üben, auch anderen gnädig zu begegnen.

Wie wichtig und wie grundlegend die Wechselwirkung von erfahrener Großzügigkeit und gelebter Großzügigkeit für Jesus ist, zeigt sich in der Bergpredigt (Matthäus 5–7), wo Jesus die menschliche Kleinkariertheit grundlegend aushebelt. Dort finden wir viele »Anleitungen zur Großzügigkeit«.

Es gibt Texte in der Bibel, die sind definitiv nicht großzügig, zum Beispiel jene Passagen, in denen Jesus davon spricht, dass es einmal einen Tag geben wird, an dem wir Menschen vor Gott als einem Richter stehen werden. Wenn man diese Texte liest, dann könnte einem angst und bange werden. Dann ist es scheinbar gelaufen, dann wird Gott entscheiden, welchen Wert ein Leben hatte. Dann hat offensichtlich auch die Großzügigkeit keinen Platz mehr und es gibt keinen Entscheidungsspielraum mehr. Umso spannender ist es, zu entdecken, dass die Großzügigkeit, die ich anderen erwiesen habe, als ein Hauptentscheidungskriterium für ein »gelungenes Leben« gesehen wird:

Wenn aber der Menschensohn kommen wird in seiner Herrlichkeit und alle Engel mit ihm, dann wird er sitzen auf dem Thron seiner Herrlichkeit,und alle Völker werden vor ihm versammelt werden. Und er wird sie voneinander scheiden, wie ein Hirt die Schafe von den Böcken scheidet, und wird die Schafe zu seiner Rechten stellen und die Böcke zur Linken. Da wird dann der König sagen zu denen zu seiner Rechten: Kommt her, ihr Gesegneten meines Vaters, ererbt das Reich, das euch bereitet ist von Anbeginn der Welt! Denn ich bin hungrig gewesen und ihr habt mir zu essen gegeben. Ich bin durstig gewesen und ihr habt mir zu trinken gegeben. Ich bin ein Fremder gewesen und ihr habt mich aufgenommen. Ich bin nackt gewesen und ihr habt mich gekleidet. Ich bin krank gewesen und ihr habt mich besucht. Ich bin im Gefängnis gewesen und ihr seid zu mir gekommen.

Dann werden ihm die Gerechten antworten und sagen: Herr, wann haben wir dich hungrig gesehen und haben dir zu essen gegeben, oder durstig und haben dir zu trinken gegeben? Wann haben wir dich als Fremden gesehen und haben dich aufgenommen, oder nackt und haben dich gekleidet? Wann haben wir dich krank oder im Gefängnis gesehen und sind zu dir gekommen? Und der König wird antworten und zu ihnen sagen: Wahrlich, ich sage euch: Was ihr getan habt einem von diesen meinen geringsten Brüdern, das habt ihr mir getan.

(Matthäus 25,31–40)

Unter welchem Blickwinkel hast du dein Leben auf dieser Erde verbracht? Das ist die Grundfrage. Hattest du nur dich selber im Blick oder auch jene, die sonst keiner beachtet? Hat die Barmherzigkeit und die Großzügigkeit dein Leben bestimmt oder die Habgier und die Engstirnigkeit? Eines macht diese Erzählung deutlich: Wer großzügig und barmherzig ist, begegnet Gott, auch wenn er oder sie es in diesem Moment gar nicht realisiert.

Eines Abends stand ich am Hauptbahnhof in Kassel und studierte gerade die Anzeigentafel, da schob eine ältere Dame ihr Fahrrad an mir vorüber, hielt verdutzt inne und starrte mich mit Tränen in den Augen an. »Gott spannt leise, feine Fäden?«, sprach sie mich fragend an und ich lächelte und sagte »Ja!« (so beginnt eines meiner Lieder). »Das ist aber eigenartig, dass ich Sie ausgerechnet jetzt treffe, denn ich bin verzweifelt und habe gerade gebetet: ›Lieber Gott, hilf mir!‹, und da begegne ich Ihnen!«, erwiderte sie. »Hätten Sie einen Moment Zeit für mich?« »Ja«, sagte ich, »zufällig hat mein Zug 20 Minuten Verspätung. Kommen Sie mit mir an den Bahnsteig, dort kann ich Ihnen zuhören.« Und sie erzählte mir unter Tränen ihre Geschichte. Ich habe zugehört und ihr den einen oder anderen Rat gegeben – vor allem aber konnte ich sie an einen Freund verweisen, den sie auch kannte und der ihr sicher weiterhelfen konnte. Ich habe sie, als der Zug schon einfuhr, zum Abschluss noch gesegnet und ein Gebet um Kraft für sie gesprochen. »Gott ist großzügig«, dachte ich bei mir, und manchmal benutzt er sogar die »großzügige Fahrplangestaltung« der Bundesbahn, damit wir Zeit finden, ihm zu begegnen. Wenn wir Gottes wunderbare Schöpfung betrachten, begegnen wir der Großzügigkeit, das heißt wenn wir die Großzügigkeit sehen, entdecken wir Gott, und wenn wir selber großzügig sind, wird Gott uns begegnen.

Im Zweifelsfall: großzügig!

Der in der Einleitung erwähnte Vorsatz »Im Zweifelsfall: großzügig!« taucht im Neuen Testament in einem geradezu dramatischen und überraschenden Kontext auf. Die Freundinnen und Freunde Jesu waren ja unter anderem auch deshalb von diesem Mann aus Nazareth so begeistert, weil er sich selbst verschenkte, seine Zeit, seine Zuneigung, seine Aufmerksamkeit, seinen Besitz. In ihm begegneten sie einem freien Menschen, dessen Freiheit und Liebe zum Leben ansteckend war. Umso härter muss es sie getroffen haben, als ihr Meister und Lehrer gefangen genommen, gefoltert, verhört und schließlich gekreuzigt wurde. Alle Träume und Sehnsüchte, die sie mit diesem Mann verbunden hatten, waren mit einem Mal durchkreuzt: aus und vorbei! Das Kartenhaus ihrer gemeinsamen Zukunft war krachend in sich zusammengestürzt. Und mitten in der Katastrophe, mitten hinein in die schwerste Trauerphase der traumatisierten Jüngerinnen und Jünger macht eine geradezu unglaubliche Botschaft die Runde: »Jesus ist auferstanden!« Wie kann das sein? Niemand kann auferstehen! Niemand kann wiederkehren aus dem Reich der Toten! Das gibt es nicht. »Der Herr ist auferstanden!« Ein Satz, an den wir uns gewöhnt haben, den wir im Glaubensbekenntnis beten und uns alle Jahre wieder am Ostersonntag zurufen lassen und der doch im Zusammenhang der damaligen Ereignisse so unglaublich und revolutionär erscheinen musste, wie wir es ja auch heute nicht glauben würden, wenn jemand behaupten würde, da sei jemand auferstanden. Auferstehung: Das gibt es nicht, das ist entgegen aller Logik. Und doch ist die Botschaft von der Auferstehung der Kern des christlichen Glaubens. Wir haben uns daran gewöhnt. Doch kann man sich eigentlich an eine Überraschung gewöhnen? Kann man das Unglaubliche glauben? Oder haben wir uns einfach damit abgefunden: Das muss man entweder glauben oder man lässt es? Auferstehung kann man nicht beweisen, schon gar nicht die Auferstehung Jesu, die vor rund 2000 Jahren stattgefunden haben soll.

Ich glaube, man kann sich gar nicht genug hineinversetzen in die chaotische Situation der Jüngerschar unmittelbar nach dem gewaltsamen und grausamen Kreuzestod Jesu. Sie hatten alles verloren: Wegen diesem Jesus hatten sie ihre Berufe aufgegeben und ihre Dörfer verlassen und waren dem Traum von einem neuen Friedensreich nachgeeilt. Und nun war alles in sich zusammengebrochen, aus und vorbei. Jesus war tot und mit ihm auch jegliche Perspektive auf eine grundlegende politische Veränderung in dem von den Römern besetzten Israel. Und nun machte auf einmal das Gerücht die Runde, Jesus sei gar nicht tot. Eine Frau behauptete, Jesus gesehen zu haben. Was sollte man davon halten? Nichts – Frauengeschwätz eben, Wunschdenken. Damit spielte man nicht, und wenn es vielleicht stimmte, dass der Leichnam Jesu verschwunden war, dann machte das die Situation ja eher noch viel schlimmer, denn nun hatten sie gar nichts mehr – sie konnten noch nicht einmal mehr trauern, denn der »Gegenstand« ihrer Trauer war weg. Wohin sollten sie pilgern mit ihrer Trauer, wo sollten sie Blumen und Opfergaben ablegen, wenn die sterblichen Reste ihres Meisters nicht mehr aufzufinden waren? Sollte ihnen denn gar nichts mehr übrig bleiben?

Man kann sich die Ratlosigkeit und Trauer der Freunde Jesu gar nicht genug vor Augen führen, den Frust und die unglaubliche Enttäuschung, die sich bei ihnen breit machte. Tiefe, abgrundtiefe Enttäuschung beschreibt es vielleicht am besten. Sie waren einer Täuschung aufgesessen, einem Hochstapler auf den Leim gegangen, einem Versager, einem, der zwar Gutes wollte, aber letzten Endes doch versagt hatte. Und nun war der Traum vorbei, die Täuschung zu Ende – sie waren enttäuscht. Und mitten in diese Enttäuschung hinein macht das Gerücht von einer weiteren Täuschung die Runde: »Das Grab ist leer! Jesus ist auferstanden!«, und allen Zweiflern zum Trotz: »Er ist wahrhaftig auferstanden!«

Manche sehen in der Tatsache, dass Jesus als Auferstandener zuerst einer Frau erschienen ist, fast eine Art Beweis für die Ursprünglichkeit dieser Bibelstelle, denn die Stimme einer Frau hatte in der damaligen Gesellschaft kein besonders großes Gewicht. Andere spotten, Jesus sei zunächst einer Frau erschienen, weil er wollte, dass die Botschaft möglichst schnell die Runde macht.

Was mögen die Jünger wohl gedacht haben, als Maria Magdalena zu ihnen kam und sagte: »Ich habe den Herrn gesehen« (Johannes 20,18)? Viel Zeit zum Nachdenken hatten sie wohl nicht, denn als sie sich am Abend desselben Tages in ihrem Versteck versammelt hatten, erschien auf einmal Jesus als der Auferstandene mitten im Raum, zeigte seine Wundmale und gab ihnen erneut den Auftrag, in seinem Namen und durch die Kraft des heiligen Geistes anderen Menschen ihre Sünden zu vergeben, so wie er es als der irdische Jesus immer wieder getan hatte. Und seine Botschaft war: »Es geht weiter mit euch, ja, es wird sich vertausendfachen, vermillionenfachen, dass Menschen erfüllt vom heiligen Geist im Auftrag Jesu handeln, verkünden, heilen und vergeben!«

War das wieder eine Täuschung? Konnte das sein? War es möglich, dass »die Sache Jesu« weiterging, durch sie? Zum Glück wird uns von einem berichtet, der zufälligerweise gerade nicht da war, der aber mit Sicherheit als ein würdiger Vertreter der breiten gläubigen Masse gesehen werden darf: der Jünger Thomas, der auch in der Literatur immer wieder als »Thomas der Zweifler« bezeichnet wird, gerade so, als sei das etwas besonders Anrüchiges, der Zweifel des Jüngers Thomas. Ich behaupte mal, er war und ist etwas völlig Normales, dieser Zweifel, vor allem, wenn es um so etwas Unglaubliches wie eine Auferstehung von den Toten geht. Ich finde, da ist Zweifel angebracht und einem Glauben oder einer Glaubensaussage, die meinen Zweifel nicht erduldet und aushält, ist zutiefst zu misstrauen.

Thomas misstraut ja nicht nur der Botschaft, er misstraut auch der Wahrnehmung seiner Freunde, die ihm von den Wundmalen erzählen, die ihnen Jesus gezeigt hat. »Das, was ihr da gesehen habt, ist ja schön und gut, das kann aber auch eine optische Täuschung gewesen sein. Vielleicht waren die Wundmale aufgeschminkt und jemand, der Jesus ähnlich sieht, hat euch zum Narren gehalten. Wenn ich meine Hände nicht in die Wunden legen und sie spüren kann, dann kann und will ich es nicht glauben! Ich brauche handfeste Beweise – jetzt mehr denn je, wir alle sind schon mal einem Hoffnungsballon aufgesessen, wir alle sind schon einmal Opfer einer herben Täuschung geworden. Jetzt will ich klare Beweise, sonst ist und bleibt dieser Jesus für mich gestorben!« Kann man das nachvollziehen? Ja, das kann man, ich denke sogar man muss es nachvollziehen, denn nur ein Glaube, der auch den Zweifel kennt und durchlitten hat, ist ein gereifter, ein erwachsener Glaube.

Ein Mann stürmt nach dem Gottesdienst in die Sakristei der Kirche und fährt den Pfarrer an: »Mit ihrer Predigt haben Sie gerade meinen Kinderglauben zerstört!« Der Pfarrer schaut ihn an. »Wie alt sind Sie denn?«, fragt er zurück. »49 Jahre«, antwortet der Gottesdienstbesucher. Daraufhin meint der Pfarrer: »Dann wurde es aber auch höchste Zeit!«

Ja, es gab damals wie heute viele Menschen, die nicht an die Auferstehung glaubten. Glauben Sie an die Auferstehung, ich meine, jetzt mal allen Ernstes? Oder glauben sie das nur, weil man es halt glaubt, wenn man Christ ist und weil es im apostolischen Glaubensbekenntnis vorkommt? Paulus schreibt etliche Jahre später in seinem Brief an die Korinther:

Wenn aber Christus gepredigt wird, dass er von den Toten auferstanden ist, wie sagen dann einige unter euch: Es gibt keine Auferstehung der Toten? Gibt es keine Auferstehung der Toten, so ist auch Christus nicht auferstanden. Ist aber Christus nicht auferstanden, so ist unsre Predigt vergeblich, so ist auch euer Glaube vergeblich … Hoffen wir allein in diesem Leben auf Christus, so sind wir die elendesten unter allen Menschen.

(1. Kor. 15,12–14+19)

Wir feiern ja nicht Sonntag für Sonntag Gottesdienst, um Kulturpflege im christlichen Abendland zu betreiben, sondern wir tun das, weil wir damit rechnen (dürfen), dass Jesus als der Auferstandene mitten unter uns gegenwärtig ist und uns stärkt und kräftigt für diese Welt. Das ist Gottes Dienst an uns: die Gegenwart des Auferstandenen. Das ist großzügig – in großen Zügen gedacht.

Als Christen leben wir aus der Wirklichkeit der Auferstehung und nicht mehr nur in diesem engen, kleinkarierten zeitlichen Rahmen der vielleicht rund 80 Jahre, die wir hier zu leben haben. Wir dürfen groß und weit denken und beim

Abendmahl in großen Zügen schmecken und sehen, wie freundlich der Herr ist. Mein Vater war lange Pfarrer in einer Schweizer Winzergemeinde und dort konnte man beim Abendmahl genau dies gut beobachten: Brot und Wein wurden stets durch die Reihen gereicht und die Winzer nahmen jeweils drei kräftige Schlucke aus dem Weinkelch und genossen ihren Wein in großen Zügen: großzügig eben.

Und der Jünger Thomas mit seinen (allzu berechtigten) Zweifeln? Nach acht Tagen (und acht Tage können sehr lang sein für einen Menschen, der fragt, zweifelt und dringend nach Antworten sucht) platzt Jesus gewissermaßen wieder völlig unerwartet in eine Versammlung der Jünger hinein. Diesmal ist Thomas anwesend, der Zweifler. Der Zweifel gehört dazu und noch bevor Thomas irgendetwas sagen kann, lautet die Botschaft Jesu: »Friede sei mit Euch!« Jesus wünscht den Jüngern Friede mitten hinein in den Streit um die Wirklichkeit seiner Auferstehung, und man kann davon ausgehen, dass es diesen Streit wirklich gab, so wie es ihn in allen Gemeinden und nicht nur in Korinth gab und so wie es ihn auch heute noch überall dort gibt, wo Menschen um die Wahrheit ihres Glaubens ringen. Selten habe ich Menschen aggressiver und streitsüchtiger erlebt als in sogenannten theologischen Diskussionen um die »letzten Wahrheiten« des christlichen Glaubens. Wenn es stimmt, dass wir als Christen an der Liebe erkannt werden, dann sollten wir ab und zu mal einen Blick in den Spiegel wagen und unseren Umgang miteinander, vor allem aber mit denen, die anders denken und glauben als wir, überprüfen. Wenn es um die Wahrheit geht, so scheint es, gibt es keinen Raum für Großzügigkeit. Dabei hat »die Wahrheit« in der Regel viele Facetten, viele Seiten und Aspekte, von denen aus sie betrachtet und gedacht werden könnte. Da würde ein bisschen Großzügigkeit ganz guttun.

Zunächst einmal also »Schalom«, dieser umfassende Begriff, der ja viel mehr meint, als unser deutsches Wort »Frieden« ausdrücken kann. Er ist die Voraussetzung für jegliches Zusammenleben, für jegliche Gemeinschaft. Ohne »Schalom« können wir nicht leben und auch keine Zukunft bauen. Und dann wendet er sich an Thomas, öffnet die Arme weit und sagt:

Reiche deinen Finger her und sieh meine Hände und reiche deine Hand her und lege sie in meine Seite und sei nicht ungläubig, sondern gläubig!
(Johannes 20,27)

Im Zweifelsfall großzügig, das ist Jesus hier. Angesichts des zweifelnden Jüngers macht er nicht dicht, sondern begegnet ihm mit einer großen Geste, großzügig eben: Komm her, du brauchst keine Angst zu haben, ich nehme deine Fragen und deinen Zweifel ernst.

Und Thomas? Er nimmt das Angebot gar nicht an, er ist einfach überwältigt von der Gegenwart des Auferstandenen, sodass von ihm nur ein gestammeltes: »Mein Herr und mein Gott!« (Vers 28b) zu vernehmen ist. Er braucht diesen letzten Schritt, diesen allerletzten gespürten Beweis nicht mehr, denn er befindet sich in der überwältigenden Gegenwart des Auferstandenen und lässt sich sofort von der Großzügigkeit Jesu anstecken. Im Zweifelsfall großzügig ist jetzt auch Thomas, denn er verzichtet auf die akribische und medizinisch genaue Antwort auf seine Fragen – er hat verstanden und gespürt: Jesus ist wahrhaftig auferstanden, er ist da und er begegnet mir freundlich und großzügig auch mitten in meinen Zweifeln – das ist überwältigend.

Weil du mich gesehen hast, Thomas, darum glaubst du. Selig sind, die nicht sehen und doch glauben!
(Johannes 20,29)

Diese Anmerkung kommt dann schon noch von Jesu Seite. »Selig« (griechisch: makarioi), zutiefst glücklich, das kennen wir aus den Seligpreisungen Jesu und auch sie sind ja eine Aufforderung zur Großzügigkeit, eine Aufforderung, sich in den großen Zügen, in den großen Spuren Gottes zu bewegen. Zutiefst glücklich und in seinem Glauben beheimatet sein kann doch nur der, der nicht ständig alles in die Waagschale wirft, der nicht ständig für alles einen Beweis braucht, sondern der dann auch mal in der Lage ist, zu sagen: »Ich habe erkannt, dass Jesus auferstanden ist und als der Auferstandene mich begleitet und bewegt – ich muss das nicht immer und immer wieder neu diskutieren, sondern ich verlasse mich nun darauf, ich glaube an den Auferstandenen.« Jemand, der in seinen Zweifeln und Fragen einfach nicht zur Ruhe kommt, der muss lernen, dass Glaube auch etwas mit »Vertrauen wagen« und mit »Großzügigkeit« zu tun hat. Ich kann mich fallen lassen in die liebenden Arme Gottes. Jede Ehe, jede Beziehung geht auf die Dauer kaputt, wenn der Partner ständig und immer wieder Liebesbeweise benötigt und fordert. Deshalb sagt Jesus abschließend: »Ich nehme deine Fragen und deinen Zweifel ernst, auch mitten in deinem Zweifel bin ich großzügig, aber dann lass dich anstecken von dieser Großzügigkeit und strecke dich aus nach einem Glauben, der vertraut und der sich nicht ständig intellektuell selbst zerfleischt, sonst wirst du mit diesem Glauben nicht glücklich!«

Wir werden in vielen Bereichen unseres Lebens getäuscht. Die gesamte Werbebranche lebt davon, dass wir uns täuschen und verführen lassen. Und oft, wenn wir dann ein Produkt gekauft haben, sind wir enttäuscht, weil es nicht das hält oder einlöst, was uns versprochen wurde. Nach dem Kreuzestod Jesu waren viele Jünger enttäuscht, denn sie glaubten, sie seien einer Täuschung auf den Leim gegangen. Deshalb gab es viele, die sich vor weiteren Täuschungen und Enttäuschungen schützen wollten. Für diese Menschen stand und steht der Jünger Thomas. Für eine gute und sympathische, für eine gesunde Haltung, die schützend die Hand vor die ja ohnehin schon angeknackste Seele halten möchte. Doch die Enttäuschung, die nun in der Begegnung mit dem Auferstanden stattfindet, ist eine heilsame, befreiende Enttäuschung, denn sie macht klar: Die Auferstehung und der Kreuzestod sind keine Täuschungen, auch keine Enttäuschungen, sondern Kreuz und Auferstehung gehören zusammen. Mitten im Leid, mitten im Zweifel ist Jesus präsent und macht Gott seinen ganz großen Zug: Der Tod, das Leid und der Schmerz haben nicht das letzte Wort – die Liebe geht weiter, wagt sich hinein ins finsterste aller Täler und überwindet den Tod!

Hauptsache: Auferstehung

Früher, zu Zeiten der ersten Christen, wurden die Menschen im Jordan getauft, das heißt sie wurden ganz untergetaucht. Paulus beschreibt das einmal so: In dem Moment, wo ein Mensch bei der Taufe untertaucht, stirbt er gewissermaßen symbolisch mit Jesus, und in dem Moment, wo er wieder auftaucht, taucht er auf, hinein in die Wirklichkeit des Christus, des Auferstandenen.

> *Ist jemand in Christus, so ist er ein neuer Mensch. Das Alte ist vergangen, siehe, es ist alles neu geworden!*
> (2. Korinther 5,17)

Wir Christen sind die einzigen Menschen auf dieser Erde, die aus der Wirklichkeit der Auferstehung leben. Der Tod, das Leid und der Schmerz haben nicht das letzte Wort. Ich muss nicht alles in diese 70 bis 80 Jahre hineinpacken – mehr gibt es nicht – nein, ich habe eine Ewigkeit Zeit. Das ist Großzügigkeit pur. Wir haben eine Hoffnung, die weit über die Hoffnungen dieser Welt hinausgeht.

Damit ihr Hoffnung habt,
damit ihr Hoffnung habt,
ich hab den Tod besiegt,
damit ihr Hoffnung habt.

Wo Sterben wie ein Schatten
auf allem Leben liegt,
da bin ich auferstanden
und hab den Tod besiegt.

Wo Worte nicht mehr tragen,
das Schweigen um sich greift,
will ich euch Worte sagen,
die aus der Not gereift.

Wo Kräfte euch verlassen,
ihr endlos müde scheint,
wird euch die Kraft erfassen,
die euch mit mir vereint.

Wo Christen aller Kirchen
sich nicht mehr einig sind,
hab ich für euch gebetet,
für guten, frischen Wind.

Damit ihr Hoffnung habt,
damit ihr Hoffnung habt,
ich hab den Tod besiegt,
damit ihr Hoffnung habt.

Das unterscheidet uns von allen anderen Religionen, dass wir schon jetzt und hier aus dieser Wirklichkeit der Auferstehung leben und zehren dürfen. Ich weiß, viele Menschen haben ein Problem mit der Auferstehung, oder sagen wir es allgemeiner: mit dem Glauben an ein Leben nach dem Tod. Doch was habe ich zu verlieren? Ist das Leben nicht viel entspannter, wenn ich davon ausgehe, dass ich eine Ewigkeit Zeit habe, ja, dass die Zeit nach meinem Tod gar keine Dimension mehr ist, sondern ich einfach sein werde? Und selbst wenn es so sein sollte, dass es nach dem Tod nichts mehr gibt: Dann merke ich es ja nicht mehr. Aber wenn es in irgendeiner Form weitergeht, dann wäre es doch schade, wenn ich mich hier nicht darauf freuen und vorbereiten würde. Jemand hat einmal gesagt: »Lieber mit Gott irren als mit den Würmern recht haben!« Diesen Gedanken finden Sie im Übrigen auch schon in den Apologien des Sokrates (Kp. 32).

Auf einem Friedhof stehen drei Grabsteine beieinander, auf dem mittleren steht: »Hier ruht Gino Berlonie, der Hütchenspieler, oder vielleicht doch unter dem linken oder unter dem rechten?!«

Ich erlaube mir zu glauben, der Bibel zu glauben, dass es ein Leben nach dem Tod gibt und dass ich an dieser Wirklichkeit hier schon teilhaben kann. Als Christen glauben wir ja nicht an die Hölle, sondern an den Himmel, die Herrlichkeit Gottes. Ich weiß, dass die Hölle, dieser Ort der Gottesferne, in der Bibel erwähnt wird, aber er ist nicht das Ziel unseres Glaubens. Die sogenannte »Hölle« kommt auch im Glaubensbekenntnis nicht vor, da heißt es lediglich: »Von dort wird er kommen, zu richten die Lebenden und die Toten.« Was das genau heißen soll und wie das aussehen soll, können wir getrost Gott überlassen. Als Christen leben wir nicht aus der Angst, sondern aus der Liebe und der Kraft der Auferstehung. In jedem Gottesdienst, mit jedem Gebet oder geistlichen Lied kann ich mich dieser heilsamen, weil entschleunigenden Wirklichkeit öffnen. Und wenn Sie das glauben wollen und können, dann vertrauen Sie doch dem Wort Gottes, dass es einen großzügigen Ort geben wird, an dem Gott alle Tränen abwischen wird.

Jenseits der Zeit
gibt es kein Leid,
keine Tränen an dem Ort,
den wir Himmel nennen.

Sehen wir uns dort,
wirst du mich auch erkennen,

dort an jenem Ort,
den wir hier Himmel nennen.
Ich brauche Kraft,
hier durchzustehn,
doch ich weiß,
dass wir uns einmal wiedersehen.

Jenseits der Zeit
gibt es kein Leid,
keine Tränen an dem Ort,
den wir Himmel nennen.

Hältst du meine Hand,
wenn wir uns wiedersehen?
Ich bin ausgebrannt,
hilf mir, weiterzugehen,
sonst find ich nicht
durch Nacht und Licht
meinen Weg zu dir,
um dich wiederzusehen.

Zeit, du machst mich krank,
zwingst mich in die Knie.
Zeit, du brichst mein Herz,
bitte nimm den Schmerz,
aber wie?

Sehen wir uns dort,
wirst du mich auch erkennen,
dort an jenem Ort,
den wir hier Himmel nennen.
Ich brauche Kraft,
hier durchzustehn,
doch ich weiß,
dass wir uns einmal wiedersehn.

Ausblick

Während ich die letzten Zeilen dieses Buches schreibe, erreichen uns die schrecklichen Bilder von der Insel Lampedusa, wo nach Schätzungen etwa 300 Flüchtlinge, darunter Frauen und Kinder, aus Eritrea und Somalia ertrunken sind, weil ihr völlig überfülltes Boot vor der Küste Feuer fing und kenterte. Die Inselbewohner von Lampedusa sind völlig überfordert mit dem permanenten Ansturm der Flüchtlinge und mit solch einer Tragödie sowieso. Sie fühlen sich vom Rest der Welt alleingelassen. Parallel wurden die Zahlen und Namen der 500 reichsten Deutschen veröffentlicht und man hat festgestellt, dass es in Deutschland noch niemals so viele derart Superreiche gab wie im Jahr 2013, trotz Weltwirtschaftskrise.

Hier würde nun Großzügigkeit einiges in Gang bringen. Warum kann jemand, der 19 Milliarden Euro besitzt, nicht einfach mal die Hälfte abgeben und sagen: »Ich helfe, ich beteilige mich effektiv an der Lösung dieses Problems«? Wo sind die reichen Deutschen, die ähnlich wie Bill Gates ihr Vermögen in Stiftungen anlegen, um nachhaltig die Probleme dieser Welt mit anzugehen?

Wir müssen großzügiger werden. »Wagenburgmentalität« wird uns nichts nützen, im Gegenteil: Wenn wir versuchen, uns abzuschotten und unseren Wohlstand nur für uns zu retten, dann werden wir überrannt oder setzen massiv unsere Freiheit aufs Spiel. Und auch hier lädt uns die Bibel zu einem offenen und gastfreundlichen Lebensstil ein, der bereit ist, den anderen, den Fremden in sein Haus einzuladen und dabei festzustellen: Es stimmt – wer gibt, dem wird gegeben.

Ich möchte mich an dieser Stelle von ganzem Herzen bei all jenen bedanken, die durch ihre Großzügigkeit mein Leben schön und so viel reicher gemacht haben und machen!

Literatur

Helmuth Berking, *Schenken. Zur Anthropologie des Gebens*, Frankfurt/M./New York 1996

Tibor R. Machan, *Generosity. Virtue in Civil Society*, Washington 1998

Tor Nørretranders, *Über die Entstehung von Sex durch generöses Verhalten. Warum wir Schönes lieben und Gutes tun*, Reinbek 2006

Thomas Ramge, *Nach der Ego-Gesellschaft. Wer gibt gewinnt – Die neue Kultur der Großzügigkeit*, München und Zürich 2006

Andreas Malessa, *Von Reklamationstag bis Frohenleichnam. Kalendersatiren*, Gütersloh 2008

Andreas Pazifikus Alkofer, *Der himmlische Figaro. Biblische Gottesbilder, die aus dem Rahmen fallen*, Würzburg 1998

David J. Schwartz, *Denken Sie groß. Erfolg durch großzügiges Denken*, München 2009

Hinrich Lührssen, *Raumübergreifendes Großgrün. Der kleine Übersetzungshelfer für Beamtendeutsch*, Hamburg 2010

Die Bibelzitate entstammen:

Lutherbibel, revidierter Text 1984, durchgesehene Ausgabe, © 1999 Deutsche Bibelgesellschaft, Stuttgart

56 007976 5881